Monika Harte[

W0229441

Dr. phil. Mathias Jung

Das Geheimnis der Partnerwahl

Warum wir uns suchen und finden.
Vom Glück und Scheitern in der Liebe.

*Es ist immer etwas Wahnsinn in der Liebe.
Es ist aber immer auch etwas Vernunft im
Wahnsinn.*

Friedrich Nietzsche,
Zarathustra I

Liebe ist eine Art von Kriegszustand

Ovid

Dr. phil. Mathias Jung

Das Geheimnis der Partnerwahl

Wie wir uns suchen und finden. Vom Glück und Scheitern in der Liebe.

ISBN 978-3-89189-173-5
2. Auflage 2009
Umschlaggestaltung: Martin Gutjahr-Jung
Umschlagfoto: Plainpicture
Zeichnungen: Andrea Montermann
Gesamtherstellung: Kösel, Krugzell
© 2008 by emu Verlags- und Vertriebs GmbH,
Lahnstein

Alle Rechte, auch die des auszugsweisen Nachdrucks,
der fotomechanischen oder digitalen Wiedergabe und
der Übersetzung vorbehalten.

Inhalt

Partnerwahl – digital:
Homogamie oder Heterogamie? 7

Das Finden:
Ein Wiederfinden 25

Die Kollusion:
Spiele unserer Vergangenheit 39

Die Mutterfalle:
Abwehr, Übertragung, Wiederholungszwang 63

Die Vaterfalle:
Dornröschen, Rapunzel, Schneewittchen
und Co. 79

Die Geschwisterkonstellation:
Auf der Suche nach der verlorenen Zeit 101

Beziehungswünsche:
Von Anbetern, Fluchthelfern und Hilfs-Ichs 119

Die Wahl des „bösen" Partners:
Die Schöne und das Biest 145

Das Konzept der Selbsterweiterung:
Der Partner als Entwicklungshelfer 167

Partnerwahl – digital:
Homogamie oder Heterogamie?

Jeder Halunke ist davon überzeugt, dass er imstande ist zu lieben wie jeder andere. Er weiß nicht, dass Liebe Schöpfung bedeutet, eine hohe, konzentrierte Aktivität der Phantasie und Willenskraft, eine Kombination von freiem Gefühlsausdruck und Beherrschung. Er hat keine Vorstellung davon, dass Liebe eine Leistung ist, dass Lieben etwas vollbringen heißt und dass die Art zu lieben tief in der Persönlichkeit des Liebenden wurzelt.

Theodor Reik
Von Liebe und Lust.
Über die Psychoanalyse romantischer
und sexueller Emotionen
(1985, Neuauflage)

Was ist los mit der Liebe? Gibt es die große Liebe? Oder ist sie eine Illusion? Wählen wir unseren Partner, oder werden wir gewählt? Haben wir Freiheit bei der Wahl? Macht die Liebe frei oder unfrei? Was sind die Gesetze der Liebe? Regieren bei der Partnerwahl die Vernunft oder das Unbewusste? Ist die Liebe schicksalhaft? Oder wären wir an der Seite eines anderen Partners genauso glücklich oder unglücklich geworden? Warum in drei Teufels Namen, so seufzt wohl jeder von uns im Tal der Tränen einer Beziehungskrise, habe ich ausgerechnet dich geheiratet? Warum schließlich ist die Liebe die „Droge der Moderne"?

HOMOGAMIE:
GLEICH UND GLEICH GESELLT SICH GERN!

In Deutschland leben derzeit sechzehn Millionen Singles. Partnerschaftsvermittlungen, vor allem auf Internetbasis, boomen wie nie zuvor. Wie die „Frankfurter Allgemeine Zeitung" berichtet (17.3. 2008), ist etwa jeder zweite deutsche Single inzwischen in einer Kontaktbörse oder Partnerschaftsvermittlung im Internet registriert, sucht digital nach der großen Liebe oder auch nur einem Flirt. Früher spendierte der Kavalier seiner Herzensdame einen Drink an der Bar, heute meldet er sich in einem Chatroom an und tauscht dort persönlichste Dinge aus, ohne dem oder der anderen jemals begegnet zu sein. Er sucht sie/sie sucht ihn mit Mail und Maus.

Sechsundvierzig Millionen Euro Umsatz erzielte *Parship* im Jahr 2007, hundert Prozent mehr als ein Jahr zuvor. Die Umsatzrendite beträgt zwanzig Prozent. Die Holtzbrinck-Gesellschaft ist in vierzehn Ländern aktiv und sondiert gerade den mexikanischen Markt. Gegenüber dem Marktführer *Parship* realisierte die Kontaktagentur *ElitePartner* im gleichen Jahr neun Millionen Euro und verdoppelte damit ihren Umsatz gegenüber dem Vorjahr. Man schätzt den Gesamtumsatz aus den Partnerschaftsvermittlungen auf dem digitalen Liebesmarkt allein in Deutschland auf 100 Millionen Euro. Nach Schätzungen von *Parship* wird der europäische Markt in den kommenden fünf Jahren auf eine Milliarde Euro anwachsen. Die Singlebörsen sind ein hart umkämpfter Markt mit insgesamt rund 2500 Anbietern, darunter *Meetic* mit gegenwärtig 120 Millionen

Euro Umsatz. Sieben Millionen Singles suchen einen Partner über die Sehnsuchtsmaschine und auf unterschiedlichem Niveau.

Parship hat sich etwa auf Singles mit gehobenem Einkommen und Bildungsniveau spezialisiert. Achtunddreißig Prozent der Mitglieder finden auf diesem Weg auch ihren Partner. Single sein ist kein unabwendbares Schicksal. Singles sind keine einsamen Hagestolze oder vertrockneten Jungfern. Sie sind vielmehr, wie die Soziologen registrieren, *searchers*, *Suchende*, vorübergehend amouröse Arbeitslose. Werther würde heute nicht Suizid begehen, sondern im Internet nach einer anderen Frau suchen. Wichtig wäre ihm die hohe Zahl von *Matchingpunkten*, also gemeinsamen Persönlichkeitsmerkmalen.

Die Versingelung und Individualisierung der Gesellschaft hat eine gewaltige Suchbewegung ausgelöst. Dazu zählt auch die geradezu revolutionäre Verbreitung eines sozialen Netzwerks wie *StudiVZ*, in dem die rund fünf Millionen Mitglieder kurzerhand die Online-Dating-Börse als Hauptbeschäftigung praktizieren. Allein sein muss auf die Dauer keiner mehr: Wer sucht, der findet.

Doch dieser scheinbar unerschöpfliche Pool von möglichen Kontakten hat auch seine Schattenseite: Die Anonymität des Suchenden lässt nicht nur den Schüchternen mutig werden, sie beseitigt auch Hemmungen und natürliche Schamgrenzen, die in ihrer

„Bremswirkung" beim persönlichen Kennenlernen eine stabilisierende Funktion erfüllen können. Die Beziehung läuft durch diese Mechanismen weniger Gefahr, von unrealistischen Erwartungshaltungen aus der Bahn geworfen zu werden. Das virtuelle Bild im Netz zeigt dagegen zunächst nur die Schokoladenseite einer Person – auf diese „Oberfläche" des anderen projiziert der/die Suchende Wünsche und Vorstellungen. So nimmt die am Monitor entstehende Beziehung bereits vor der ersten realen Begegnung viel konkretere Formen an, als es bei einer persönlichen Kontaktaufnahme der Fall gewesen wäre.

Der Liebesmarkt ist die Wachstumsbranche schlechthin. Singles sind in der Epoche der Internetliebe, wie die Soziologen Ulrich Beck und Elisabeth Beck-Gernsheim (in *Das alltägliche Chaos der Liebe,* 1990) konstatieren, „Pioniere der Moderne". Sie versuchen, die Partnerwahl im Spannungsfeld von Autonomie und Verschmelzung tatkräftig zu organisieren und zwei mobile Arbeitsmarktbiografien zu koppeln. Sie leben ohne historische Vorbilder. Sie leben eine fragmentarisierte und individualisierte Existenz. Ihr Leben ist aus gottgegebenen Umständen, traditionellen Geschlechterrollen und konventionellen Standards „befreit". Im Mittelpunkt der Lebensbestrebung steht erhöht wie ein Altar die Errichtung des Selbst und seine permanente Verwirklichung.

Die „Frankfurter Allgemeine Zeitung" (29.11.07) schreibt über den Chat-Flirt: „Partout nichts soll mehr dem Zufall überlassen sein, keine amour fou, nirgends. Neben den großen Agenturen hat längst jede gesellschaftliche Kleinstgruppierung ihre eigene Partnerbörse im Netz. Da gibt es ‚Rubens.de' für Dicke, ‚Kathtreff.de' für Katholiken, ‚Landflirt.de' für Bauern, ‚Grapedates.com' für Weinkenner-Singles. Religiöse Schwule haben ihre Online-Verbindung ebenso wie Alleinerziehende, Veganer, Hippies, Fernfahrer, ältere Menschen, jüdische Singles. Verheiratete auf der Suche nach einem Seitensprung verabreden sich bei ‚meet2cheat.de', ja sogar jene, die ihren Partner nach der passenden Blutgruppe wählen, haben ihre eigene Flirt-Homepage."

Der moderne Single ist, mit Sartre zu sprechen, in äußerster Radikalisierung „zur Freiheit verurteilt". Er ist in einer historisch nie gekannten Totalität zur Verantwortung für sein eigenes Leben verpflichtet. Der männliche oder weibliche Single muss seine Identität als Fließgleichgewicht über dauernde Identitätsbrüche gewinnen. Er kann die Aufgabe seiner Individuation nicht an die Kirche, die Gesellschaft, den Partner delegieren. Statt sich durch vorgegebene Normen wie ein Bergsteiger am Seil zu sichern, steht er in der entgrenzten Freiheit und dünnen Luft der selbstreflektiven Lebensgestaltung. Er braucht sich selbst als Bergführer. Das ist aufregend, stimulierend und oftmals überfordernd zugleich. Es ist eine schöpferische und zugleich narzisstische Haltung:

„Ich brauche mich. Aber wer da draußen braucht mich? Bei wem finde ich Halt?"

Auch wenn das neue Selbst immer wichtiger wird, so verschwindet der alte Kosmos dennoch nicht. Denn er enthält, bei allen Verzerrungen erstarrter religiöser und gesellschaftlicher Normen, doch als sein köstlichstes Lebenselixier den Zauber der Bindung. Die Psychoanalytikerin Eva Jaeggi räumt (in *Liebesglück-Beziehungsarbeit. Warum das Leben heute schwierig ist*, 1999) ein: „Natürlich ist das Ideal einer wunderbaren Partnerschaft immer wieder einmal der Goldgrund des Single-Lebens, selbst bei denen, die es besser wissen, weil sie schon in langjährigen Partnerschaften gelebt haben. Dieses Ideal kann in Zeiten der Depression auftauchen und erzeugt dann auch schon mal Tränen des Selbstmitleids: ‚Wenn jetzt einer (eine) hier wäre, um mich zu umsorgen …!' seufzt man dann und denkt nicht daran, wie oft es in der Partnerschaft gerade daran gefehlt hat. Gerade in sorgenvollen Zeiten kam man sich oft vereinsamt vor, vom Partner innerlich im Stich gelassen. Aber diese Erinnerungen können zeitweise verschwinden, und schon flimmert die Fata Morgana der idealen Ehe bezaubernd schön über der öden Salzwüste."

Die Singles sind gewissermaßen die Seismographen der komplizierten Beziehungslandschaft von heute. Jede zweite Ehe in deutschen Großstädten wird mittlerweile geschieden. Damit ist die Dunkelziffer der Trennungen der 2,4 Millionen unverheirateter heterosexueller sowie der homosexueller Paare noch nicht einmal erfasst. Die Ehe ist eine Krisenbranche geworden. Die Beziehungsängste vieler Frauen und Männer basieren auf dieser abschreckenden Erfahrung. Der Beziehungsforscher Walter Hollstein, Hochschullehrer am Institut für Geschlechter- und Generationenforschung der Universität Bremen, resümiert in seinem Werk *Geschlechterdemokratie. Männer und Frauen: Besser miteinander leben* (2004): „Früher war nämlich noch alles klar. Frauen und Männer heirateten und blieben zusammen, bis der Tod sie schied. Dieses Arrangement sicherte nicht unbedingt lebenslang Glück und Erfüllung, aber gesellschaftlich Stabilität und individuelle Verhaltenssicherheit.

Nach Glück und Erfüllung in der Liebe sehnen sich Frauen und Männer heute wohl noch mehr als früher, wo Lebenssicherung und Pflichterfüllung häufig im Vordergrund standen. Aber Wunsch und Wirklichkeit fallen nicht immer zusammen. In unseren Tagen kämpfen Frauen und Männer immer häufiger gegeneinander um Macht, Arbeit, Zuwendung und Anerkennung; sie bekriegen sich zum Teil mit allen Mitteln, vom psychischen Terror bis zur physische Gewalt. Diese Auseinandersetzung resümiert sich im Begriff ‚Geschlechterkampf'. Selbst wenn die leidvolle Auseinandersetzung in Trennung oder Scheidung mündet, tritt Friede oft nicht ein. Manchmal beginnt der Geschlechterkampf dann erst richtig, wenn es um die materielle Absicherung geht, um die Aufteilung von Besitz, um Kinder, die Besuchsrechte und die Versorgung."

Kann die Liebe im Klima der postmodernen Beliebigkeit gedeihen? Man könnte skeptisch werden, wenn man die Unverbindlichkeit und Beziehungsscheu der *Generation Praktikum* betrachtet. Sie ist vielseitig ausgebildet und jobbt in der „flexiblen" Gesellschaft des menschenfeindlichen Neoliberalismus und seiner Massenarbeitslosigkeit von Berufsfeld zu Berufsfeld. Sie absolviert die erotischen Wanderungen des Fleisches eher episodisch und sportiv.

Jana Hensel, Jahrgang 1976, und Elisabeth Raether, Jahrgang 1979, beschreiben diese coole und provisorische Lebenslandschaft in ihrem Bestseller *Neue deutsche Mädchen* (2008) als Zustand existenzieller Unbehaustheit. Elisabeth Raether berichtet: „Ich blieb in keiner meiner Berliner Wohnungen länger als ein Jahr. Deshalb machte ich mir gar nicht erst die Mühe, mich einzurichten. Von den Zimmerdecken hingen Glühbirnen, statt Bilder aufzuhängen, klebte ich mit Tesafilm Postkarten an die Wand; meine Bücher stapelte ich auf dem Boden ... Ich war nicht die Einzige, die so lebte. In einer Wohnung, in der ich einmal eine Nacht verbracht habe, lehnte im Schlafzimmer gegenüber vom Bett ein Mountainbike an der Wand, so dass ich den Eindruck bekommen konnte, ich säße in einem Straßencafé. Es gab keine

Vorhänge, und stattdessen waren Bettlaken über den Fensterrahmen geworfen worden."

Tatsächlich genügten unserem verspäteten Girlie auf die Dauer weder der minimalistische Hausstand noch die Beziehungsabstinenz. Elisabeth: „Ich sehnte mich nach alten Formen, nach richtigen Möbeln, nach schweren Lampenschirmen, nach Bilderrahmen, die an die Wand gedübelt werden, nach Ordnung und Vorhersehbarkeit, nach Verlässlichkeit." Auch wenn die moderne Großstadtnomadin Elisabeth scheinbar „voll drauf" und partnerlos durch das Berliner Nachtleben stöckelte, so vermochte sie doch nicht ihre Sehnsucht nach der verlässlichen Währung eines stabilen Liebesbudgets zu unterdrücken: „Ich hätte es nie zugegeben, aber ich habe geglaubt, die Liebe würde mich von jeder Sorge befreien und jeden emotionalen Konflikt für mich lösen." Prompt verliebt sich Elisabeth während eines Arbeitsaufenthaltes in Paris in Alain, einen dreißig Jahre älteren, wohlsituierten Anwalt. Die Begegnung blieb eine Episode – die Rolle der Geliebten trägt nicht auf Dauer.

Die Zeitgeist-typische Maxime, „sich alle Optionen offen zu halten", enthüllt sich nicht selten als Bindungsschwäche und verborgene Strategie des Selbstboykotts. Ich werde nie Gunnar (Name, wie alle folgenden, geändert) vergessen. Der sechsundfünfzigjährige erfolgreiche Geschäftsmann kam zu mir in die Praxis, damit ich ihm beim Entwerfen einer

Heiratsanzeige helfe. Er wünschte sich eine etwa dreißigjährige junge Frau, mit der er noch zwei Kinder zeugen wollte. Gunnar litt an seiner lebenslangen Weigerung, erwachsen zu werden, Verantwortung zu übernehmen, rechtzeitig eine Entscheidung in der Liebe zu treffen. In der Tiefenpsychologie bezeichnen wir dies als *Peter-Pan-Syndrom*. Es ist das männliche Gegenstück zur weiblichen Bindungsflucht. Der *puella aeterna,* dem *ewigen Mädchen*, steht der *puer aeternus,* der *ewige Junge,* gegenüber. Und wenn sie nicht gestorben sind, so spielen sie heute noch unentschlossen miteinander herum.

Gunnar jedenfalls bekannte mir: „Wenn ich mich für eine Frau entschieden hätte, so wären mir ein Dutzend andere mögliche Partnerinnen durchs Netz gegangen. Davor habe ich mich gefürchtet."

Es ist paradox, aber der Flucht aus der Bindung steht heute die Sehnsucht nach der absoluten Liebe gegenüber. Sie hat etwas mit der Entfremdung des Individuums in der modernen *Risikogesellschaft* (Ulrich Beck) zu tun. Der Philosoph Bertrand Russell (1872–1970) hat dies (in *Ehe und Moral,* deutsche Übersetzung 1951) bereits so formuliert: „Die Liebe ist etwas viel Gewaltigeres als das Verlangen nach geschlechtlichem Verkehr; sie ist das Hauptmittel zur Flucht vor der Einsamkeit, welche die meisten Männer und Frauen während des größten Teils ihres Lebens befällt. In fast allen Menschen steckt eine tief sitzende Furcht vor der kalten Welt ... Leidenschaftliche gegenseitige Liebe macht, solange sie anhält, diesem Furchtgefühl ein Ende. Sie reißt die harten Mauern um das Ich ein und bringt ein neues Wesen hervor, das aus zwei in einem besteht."

Inzwischen hat die Liebe durch die Säkularisierung der Gesellschaft eine neue Zuweisung bekommen. Sie dient vielen Menschen als eine Art Religionsersatz. Woran soll man sich als metaphysisch Obdachloser halten, wenn Gott *tot* (Nietzsche) ist oder doch zumindest die Religionen und ihre überlebten Dogmen und Zeremonien fragwürdig geworden sind? Die Partnerliebe ist sozusagen an die Stelle der göttlichen Liebe getreten.

Das Verliebtsein artikuliert sich im religiösen Wortschatz. Der Mann liebt die Frau „abgöttisch", er „betet sie an". Die Frau fühlt sich an seiner Seite „wie im Himmel" oder „wie im Paradies". An die Stelle der religiösen Illusion tritt die Illusion der absoluten Liebe. Die Entrückung ihrer Gefühle erleben die Verliebten als „Zustand der Gnade". Statt einen idealisierten Gott anzubeten, wird der/die Geliebte zum Idol. Ohne Gott die Hölle, ohne Liebe das Fegefeuer der Einsamkeit. Erlösungssehnsucht und Heilerwartung transzendieren vom Himmel auf die Erde – als obskures Objekt der erotischen Begierde. Statt transzendenter Entgrenzung und Alleinheit im Göttlichen fungiert nun die irdische Liebe als Auflösung, als letzthinnige Verschmelzung. Nicht selten höre ich in der Praxis die Worte enttäuschter Liebender: „Er/sie war mein Gott, mein Alles."

Ein Mensch als Allah, Atman, Gott, Kosmos oder Nirwana – kann das gut gehen? Kann der/die Geliebte meine Einsamkeit als Individuum aufheben? Kann ich mich durch die pseudoreligiöse Formel heilen, wie Ulrich Beck (in *Das ganz normale Chaos in der Liebe*) formuliert: „Gott nicht, Klasse nicht, Nachbarn nicht, dann wenigstens Du"?

Der große Tübinger Paartherapeut Hans Jellouschek bringt das Drama dieser Liebesüberforderung (in *Die Kunst als Paar zu leben*, 2005) prägnant auf den Begriff: „Viel zu wenig wurde … bisher beachtet, dass die Übertragung der religiösen Sehnsucht auf die Partnerliebe wahrscheinlich eine der tiefsten Wurzeln heutiger Beziehungsinstabilität ist. Denn diese unbewusste Übertragung muss zur Enttäuschung führen. Auch der intensivste Liebesakt sprengt unsere Begrenztheit nicht wirklich. Die Erfahrung ist vorübergehend, und wir bleiben darin auch einsam … Unser Sehnsuchtspotenzial ist auf Dauer in keiner erotischen Beziehung unterzubringen, sondern übersteigt sie grundsätzlich. Wer dies nicht wahrhaben will, wird beziehungs-, liebes- oder sexsüchtig und endet in der Selbstzerstörung."

Warum habe ich dich also geheiratet? Natürlich gibt es auch ganz pragmatische Gründe. Gelegenheit macht Liebe. Gleich und gleich gesellt sich gern. Aus der Beziehungsforschung wissen wir: Ehepartner finden sich mehrheitlich im geografischen Umkreis von mickrigen dreißig Kilometern. Sie stammen überwiegend aus der gleichen sozialen Schicht. Sie gehören nach wie vor meistens der gleichen Religion an. Ihr Milieuverhalten, Bildungsstandards und finanzielle Erwartungen bilden sozusagen kongruente Programme, ihre sozialen Profile sind weitgehend konform.

„Ich bin selbstständiger Kfz-Meister", erklärte mir Paul (48), „ich habe mir eine kaufmännische Angestellte als Frau gesucht und gefunden. Sie sollte mir beim Aufbau meiner beruflichen Existenz zur Seite stehen. Sie tat das auch von Anfang an, indem sie, anfangs neben den Kindern, unsere gesamte Buchführung übernahm." Seine Frau Irmgard strahlte. Kein Wunder, ihre kompatiblen Programme klappten vorzüglich. So einfach kann das Leben sein. Doch natürlich finden wir nicht alle das Beziehungsglück in pragmatischer Beschränkung.

Die Wochenzeitung DIE ZEIT (23. 8. 07) hat das Wesen dieser stabilen *Homogamie* („Gleich und gleich gesellt sich gern") einmal mit hübscher Anschaulichkeit am Beispiel der digitalen Partnersuche dargestellt: „Als Erstes gibt sie ihr Alter ein: 31 Jahre. Dann ihre Größe: 1,70 Meter. Ihr Gewicht: 63 Kilogramm. Ihre Hobbys: Wein trinken, Tanzen, Tennis. Zum Schluss ihren Beruf: Apothekerin. Sie stellt ein Foto ins Netz und drückt die Returntaste. Sie ist jetzt angemeldet bei einer der größten Kontaktbörsen im Internet. Es ist der 1. April, draußen ist es nass und trüb. Auf dem Monitor sieht sie bunte Bilder von Männern, die eine Frau suchen. Der da zum Beispiel: Sieht doch ganz nett aus. Was macht der beruflich? Werkzeugmacher. Ein Mausklick, und er ist weg. Und der? Hat es auch nicht aufs Gymnasium geschafft. Klick, weg. Der? Schreibt nicht, welchen Beruf er hat, weg. Weg. Weg. Weg. Sie klickt sich durch die Fotos, bis sie auf einen höheren Angestellten mit Abitur stößt. Schon besser. Sein Gesicht gefällt ihr, er ist 33 Jahre alt, sie schreibt ihm eine E-Mail".

Die Apothekerin hat sich in die Weiten des Internets begeben, wo sie Menschen treffen kann, die sie im richtigen Leben nie kennenlernen würde. Trotzdem hat sie ihr soziales Milieu nicht verlassen. Sie hat für sich die Frage nach dem richtigen Partner so beantwortet: *Er soll ähnlich gebildet sein und ähnlich viel verdienen wie ich.* Damit hat sie sich genauso verhalten wie die große Mehrheit der Bundesbürger.

Früher war das anders. Früher hat in Deutschland jeder zweite Mann nach unten geheiratet und jede zweite Frau nach oben. Wenn sich der Arzt in die Krankenschwester verliebte und der Chef in die Sekretärin, dann entsprach das nicht nur dem Klischee der Groschenromane. Es führte auch dazu, dass sich die Milieus und Gesellschaftsschichten mischten, Wissenschaftler nennen es den ‚Aschenputtel-Effekt'. Die Krankenschwester konnte sich Dinge leisten, die für sie sonst unerreichbar gewesen wären. Der Heiratsmarkt wirkte wie ein privat organisiertes Umverteilungssystem, das dafür sorgte, dass sich oben und unten nicht zu weit voneinander entfernten.

Heute sorgt es für Erstaunen und Tuscheln, wenn ein Zahnarzt seine Helferin ehelicht. Ist die nicht unter seinem Niveau? Nur noch jeder fünfte Mann heiratet nach „unten".

Studien zeigen, so DIE ZEIT, „dass niemand so streng auswählt wie gut ausgebildete Frauen. Die Tradition des Nach-unten-Heiratens kennen sie noch nicht. Früher haben sie nach oben geheiratet, jetzt wollen sie auf Augenhöhe bleiben. Eine Apothekerin, die einen Werkzeugmacher ehelicht, ist so selten wie eine 40-Jährige, die einen 20-Jährigen heiratet. Wo ein Mensch die Liebe hinfallen lässt, ist eine sehr persönliche, sehr private Entscheidung. Aber meist wird sie ziemlich rational getroffen. Jahrzehntelang haben die Frauen in Deutschland um ihren Aufstieg gerungen, den Zugang zu den Unis, zu gut bezahlten Jobs, all das mussten sie sich erkämpfen, gegen den Widerstand der Männer, der Traditionen, der Klischees. Jetzt wollen sie ihren Erfolg und sich selbst nicht durch den falschen Partner herabstufen."

Romantik trifft Vernunft? So einfach ist das natürlich nicht. Tatsächlich gehen wir bei der Paarfindung durch ein Labyrinth des Unbewussten. Warum habe ich gerade diesen Partner gewählt? War es seine Schönheit? Ein faszinierender Charakterzug? Habe ich mich von eher nüchternen Erwägungen leiten lassen? Von „Torschlusspanik"? Meinem Kinderwunsch? War unser Suchmotto „Gleich und gleich gesellt sich gern" oder „Gegensätze ziehen sich an"(Heteroga)? Das Geheimnis der Partnerwahl entschlüsselt sich, wenn überhaupt, meist erst nach Jahren und nur durch psychologische Spurensuche. Das Rätsel der *Kollusion*, des neurotischen Zusammenspiels oft schamhaft verborgener Motive und Strebungen, führt uns in seelische Abgründe, zu kindlichen Defiziten, Kompensationsmechanismen und Heilungsversuchen unserer Tiefenpersönlichkeit. Es ist ein Gefühlsdickicht überraschender partnerschaftlicher Irrungen und Wirrungen.

Den Chemismus unserer Paarsynthese zu analysieren heißt, uns über die Chancen und Gefährdungen unserer Liebe bewusst zu werden. Daran können wir gemeinsam reifen. Es gilt das Wort von Simone de Beauvoir: „Die Ehe sollte ein Zusammenschluss zweier autonomer Existenzen sein, keine Annexion, keine Flucht, kein Heilmittel."

Wer und was sich in der Liebe findet, das ist geheimnisvoll, grandios, tragisch, bewegend und magisch, facettenreich und unergründlich. Ich kann nur versuchen, eine Schneise in den Dschungel verborgener Liebesmotivationen zu schlagen, um deine Aufmerksamkeit, liebe Leserin, lieber Leser, für das Psychogramm deiner eigenen Liebesbeziehung zu schärfen.

Heide und Robert, beide Pensionäre und über siebzig Jahre alt, betraten, wüst miteinander zerstritten, meine Praxis. Sie nannte ihn einen „Schlappschwanz", er sie eine „Furie". Dabei hatte vor vierzig Jahren alles so traut begonnen. In einem alten Fotoalbum, das sie mit in die Therapiestunde gebracht hatten, las ich unter Heides Jugendfoto den Reim: „Sie war ein Blümlein/hübsch und fein/hell aufgeblüht/im Sonnenschein." Unter Roberts Konterfei hieß es: „Er war ein junger Schmetterling/der selig an der Blume hing."

Was war geschehen? Was war das Geheimnis ihrer Partnerwahl? Wir werden noch erfahren, was es mit „Blümchen" und „Schmetterling" auf sich hatte.

Das Finden:
Ein Wiederfinden

Ich frage mich
in meinen stillen Stunden,
Was war das Leben, Liebster,
eh du kamst und mir den Schatten
von der Seele nahmst?
Was suchte ich,
bevor ich dich gefunden?
Mascha Kaléko (1912–1975)
Gedichte

Zur Psychologie der Partnerwahl gehört, wie erwähnt, die Kompatibilität, also die gegenseitige Entsprechung unserer Wahrnehmungs- und Handlungsprogramme. George Kelly hat dies in seinem bedeutenden Werk *Die Psychologie der persönlichen Konstrukte* (1955; deutsche Ausgabe 1986) beschrieben. Demnach entwickelt jeder Mensch bereits in der frühen Kindheit Konstrukte, Muster, Schablonen, mit deren Hilfe er die Welt wahrnimmt, aufnimmt oder abwehrt und in einen Sinnzusammenhang stellt.

Fritz Riemann hat diese Wirklichkeitskonstruktion, die unser Welt- und Beziehungserleben emotional und kognitiv einfärbt, in seinem Jahrhundertwerk *Grundformen der Angst* (1961) aus der Sicht der Charakterpsychologie eindrucksvoll gewürdigt. Der Psy-

NEUE LIEBE, ALTE LIEBE

choanalytiker weist dabei auf das Entscheidende dieser Wirklichkeitskonstruktion hin: Sie geschieht unbewusst, sie bleibt ihrem Träger meist unbekannt. Schlimmer noch: Er hält, ob er nach Riemann nun schizoid-gefühlsabspaltend, depressiv-gemütshaft, zwanghaft-eingeengt oder hysterisch-inszenierend durch die Welt geht, seinen jeweils eigenen Charaktertypus bzw. seine Charaktermischung für die allgemein gültige DIN-Norm. Der Affe sieht, wie das afrikanische Sprichwort sagt, den eigenen Hintern nicht. Wir erkennen ganz biblisch den Splitter im Auge des anderen, den Balken im eigenen übersehen wir.

Für die grundsätzliche Verträglichkeit einer Beziehung ist die erwähnte *Homogamie,* das heißt die annähernde Übereinstimmung in den sozialen Merkmalen, kulturellen Hintergründen und geistigen Interessen lebenswichtig. Bei einer starken *Heterogamie,* also der massiven Unterschiedlichkeit von Herkunft, Sprache, Sozialisation und Wertvorstellungen, ist das gemeinsame Beziehungssystem eher schwach und gefährdet, durch kommunikative Probleme aus dem Gleichgewicht zu geraten. Daher auch die signifikant hohen Scheidungsraten bei Ehen zwischen verschiedenen Nationalitäten und Religionszugehörigkeiten. Der Teufel steckt sozusagen im Unbewussten und Frühgeschichtlichen der beiden Liebenden: Sie machen Geschichte und sie sind Geschichte.

Es gibt wohl kaum etwas Komplexeres als die Liebe und die Liebeswahl. Sie stecken voller versunkener Schätze, Ängste und Sehnsüchte. Der spanische Philosoph José Ortega y Gasset (1883–1955) beschreibt in seinem Text *Die Liebeswahl* (1933) dieses Prärationale unseres tiefsten Wesensgrundes und Bindungstypus so: „Die Liebe ist eine Flutwelle, die aus den unteren Schichten unserer Person aufwallt und, wenn sie an die sichtbare Oberfläche des Lebens gelangt, Algen und Muscheln der Tiefe heraufspült. Ein guter Naturkenner kann sich anhand dieses Materials ein Bild von dem Meeresboden machen, aus dem es stammt ... Der größte Irrtum von der Renaissance bis auf unsere Tage war, dass man mit Descartes glaubte, wir lebten von unserem Bewusstsein, von jenem kleinen Teil unseres Wesens, den wir deutlich sehen und in dem unser Wille wirkt. Die Behauptung, dass der Mensch vernünftig und frei ist, scheint mir, so ausgesprochen, einem Irrtum recht nahe zu kommen. Denn wir besitzen wohl Vernunft und Freiheit; aber beide Vermögen bilden nur eine dünne Haut über dem Volum (Volumen – M.J.) unseres Wesens, dessen Inneres weder vernünftig noch frei ist."

Der Philosoph schlussfolgert: „In Wahrheit bewegt uns, abgesehen von jenem oberflächlichen Eingreifen unseres Willens, ein irrationales Leben, das in unser Bewusstsein mündet unter verborgenen Höhlen, dem unsichtbaren Grunde entstammt, der wir eigentlich sind. Darum muss der Psychologe zum

Taucher werden und unter die Oberfläche der Worte, Taten, Gedanken des Mitmenschen hinabsteigen, welche bloße Inszenierungen sind … Darum ist es natürlich, wenn er die Ritzen und Versenkungen sucht, durch die er in die Tiefe der Person hinabgleiten kann. Eine dieser Versenkungen ist die Liebe … So ist die Liebe ihrem eigenen Wesen nach Wahl. Und da sie aus dem Kern der Person, aus der Seelentiefe aufsteigt, sind die Auswahlprinzipien, die über sie entscheiden, zugleich die innersten und geheimsten Wertungen, die unseren individuellen Charakter formen."

Wir wissen es meistens nicht, aber das entscheidende Auswahlprinzip in der Partnerwahl ist *Wiederholung*. „Alles Finden ist Wiederfinden", befand Sigmund Freud (1859–1939). Was wir in der Liebe suchen, besonders im koitalen Akt der „Vereinigung", ist die Urform der Liebe, die Verschmelzung mit der Mutter. Sie ist die einzigartig innige Verbindung zweier Menschen. Als Kind erfahre ich die Ursymbiose in der Totalität des Mutterleibes. Er ist meine nährende Ursuppe und mein schützender pränataler Kosmos. Postnatal erlebe ich noch einen Abglanz davon, die Geborgenheit beim Stillen an den lebensspendenden Brüsten und der totalen Versorgung durch die Mutter. Sie ist mein Hilfs-Ich voller Fürsorge, Kompetenz und liebender Unerschütterlichkeit. Ich selbst bin in diesem Welpenzustand meines Säuglings-Ichs noch nicht abgegrenzt, sondern konfluent, das heißt verfließend, hilfsbedürftig und hilfeheischend. Es ist das mütterliche Paradies, in dem ich Milch und Honig in Fülle finde. Die höchste und tiefste Liebe ist die Mutterliebe. „Der Himmel" ist, wie das persische Sprichwort sagt, „zu den Füßen der Mutter."

Die Mutter als erste Partnerin unseres Lebens wurde uns einfach geschenkt. Sie war da und machte uns zum Mittelpunkt der Welt. Sie beflügelte unseren kindlichen Narzissmus, einzigartig zu sein. Durch ihre Liebesfähigkeit uns gegenüber tauchten wir ein in das Medium der Selbstliebe und des Urvertrauens. Dies alles geschah natürlich unter der Voraussetzung, dass es eine „ausreichend gute Mutter" (Vinnicott) war und wir „den Glanz im Auge der Mutter" (Kohut) erleben durften.

Wenn ich als kleiner Junge in das Sprechzimmer meiner vielbeschäftigten und vergötterten Arztmutter eingelassen wurde, pflegte sie mich dem jeweils dort befindlichen Patienten mit den liebevollen Worten vorzustellen: „Das ist mein Jüngster. Er ist mein Sonnenschein." Davon glühen mir noch heute die Backen vor Freude. Ist es verwunderlich, dass ich dieses lebensspendende Mantra noch ein halbes Jahrhundert später am liebsten täglich von meiner Frau erwarte? Natürlich hat mich diese Rolle als „Sonnyboy" auch einiges gekostet – die jahrelange Verdrängung meiner aggressiven und depressiven Anteile.

In der Liebe suchen wir also den mütterlichen All-Eros wieder. Dabei haben wir natürlich ein idealisiertes und mythisches Mutterbild verinnerlicht. Sie war ein Engel ohne jegliche eigensüchtige Strebungen. In der Liebe wollen wir dann in das Paradies unserer Kindheit zurückkehren. Der/die Geliebte soll uns bedingungslos annehmen, wie wir sind, uns niemals kritisieren und rund um die Uhr Liebe schenken. Vor allem soll er uns *immer* lieben, uns wie eine Zentralheizung Tag und Nacht wärmen. Wir empfinden geradezu ein Anrecht darauf – im Probelauf der allumfassenden Mutterliebe haben wir das schließlich erlebt!

Das ist die gute Seite des *positiven Mutterkomplexes* (C. G. Jung). Als Literaturliebhaber schätze ich in Goethes *Werther* eine archetypische Schlüsselszene der Liebe: Werther begegnet Lotte, als sie gerade für ihre jüngeren Geschwister Brot schneidet. Es ist eine Geste reinster Mütterlichkeit. Sie spricht sofort und unfehlbar den Archetyp der Mütterlichkeit in dem empfindsamen jungen Mann an. Er entbrennt in hilfloser, bedürftiger Liebe.

Finden ist Wiederfinden. In vielen Schilderungen, vor allem meiner männlichen Klienten, erfahre ich von dieser positiven Mutterassoziation bei ihrer Partnerwahl. Gregor (37), Installateur, erlebte dies bei seiner zweiten Frau. Gregor: „Meine erste Frau war gefühlskalt. Sie stammte aus einem lieblosen, zerrütteten Elternhaus. Sie war tüchtig, aber kopf-

31

gesteuert und herb. Sie wollte keine Kinder. Da sie aus ärmlichen Verhältnissen stammte – der Vater war ein Versager –, drehte sich bei ihr alles um Geld. Es gab, von den ersten Wochen unserer Beziehung abgesehen, kaum Zärtlichkeit. Unsere Sexualität empfand ich als mechanisch. Nach sieben Jahren Ehe war ich gefühlsmäßig ausgehungert und innerlich am Ende. In meiner Freizeit hockte ich vor dem Fernseher und begann zu trinken.

Dann begegnete ich Britta. Ich sollte ihr die Waschmaschine reparieren. Ich verliebte mich unsterblich beim ersten Blick. Sie war so schön und angenehm füllig, wie ich es liebe. Das war es aber nicht allein. Sie stand nämlich in ihrem Garten und goss voller Sorgfalt ihre Tomatenstauden. Eine Katze rieb sich schnurrend an ihren Beinen. Britta bot mir nach der Reparatur eine Tasse Kaffee und ein Stück Erdbeerkuchen an. Diese Bilder der Liebe zur Natur und zu der Katze und ihre Gastfreundschaft rührten mich unwiderstehlich an. Sie erinnerten mich an meine Mutter, die eine leidenschaftliche Gärtnerin und Tierliebhaberin war und uns Kinder mit wahren Tortenschlachten verwöhnte. Es war, als ob ich meiner kurz zuvor verstorbenen Mutter wieder begegnete."

Zweifellos ist die allumfassende Mutterliebe auch ein Danaer-Geschenk mit Schattenseiten. Das Kind, vor allem der Junge, muss sich von der ersten geliebten Person abnabeln, um ein eigenes Ich zu kreieren.

32

Außerdem muss er lernen, seine Liebe auf der Erwachsenenebene einem fremden Menschen zuwenden zu können. Daraus entstehen, wie wir noch später sehen werden, viele Komplikationen.

Der Grundkonflikt besteht zweifellos darin, dass keine Erwachsenenliebe die ursprüngliche Intensität der Mutter-Kind-Beziehung erreichen kann. Sie bleibt ein Ideal. Die Vertreibung aus dem Paradies ist endgültig. Sie ist unverzichtbar für unsere Entwicklung zum autonomen Individuum. Zu viel Bindung bedeutet, dass wir zum Schoßhündchen degenerieren. Wir müssen Originale werden und keine elterlichen Kopien. Goethe, ein profunder Kenner der menschlichen Seele, konstatiert (in *Maximen und Reflexionen*): „Was nicht originell ist, daran ist nicht Leben, und was originell ist, trägt immer die Gebrechen des Individuums an sich."

Wenn Vater und Mutter gut zu uns waren, dann hoffen wir, ob Mann oder Frau, das verlorene Objekt wiederzufinden. Wir heiraten sozusagen die Neuauflage unserer frühesten Kinderliebe. In jedem Fall bleibt dieses erste Liebesobjekt unseres Lebens maßgebend für unsere Partnerwahl, selbst wenn wir den Gegentyp wählen. Wir ersetzen dann lediglich den abweisenden Vater durch einen hingebungsvollen, aber vielleicht konfliktschwachen Mann. Wir rücken an die Stelle der „verschlingenden" Übermutter eine distanzfähige, vielleicht aber auch emotionsgehemmte Frau.

Unbewusste Wünsche und innere Konstellationen dirigieren so insgeheim unsere Partnerwahl. Sie garantieren oftmals die zähe Langlebigkeit neurotischer Bindungen. Umgekehrt haben manche Männer ihre Mama so zur „Mutter Gottes" erhöht und idealisiert, dass in ihrem Bett kein Platz für eine irdische Frau mehr ist. Sie bleiben dann ewige Junggesellen. Mit ihrem Mutter-Gottes-Komplex und fast religiösem inneren Frauenbild können sie keine Frau finden, die diesen übermenschlichen Ansprüchen gerecht würde: Wer vor dem Sockel kniet, auf den er seine Frau gestellt hat, kann, rein anatomisch gesehen, nicht mit ihr schlafen.

Ortega y Gasset formuliert es in *Die Liebeswahl* wunderschön: „Liebe ist etwas Ernsteres und Bedeutungsvolleres als das Entzücken über die Linien eines Gesichts und die Farbe einer Wange; sie ist die Entscheidung für eine gewisse Ausprägung des Menschlichen, die sich symbolisch in den Einzelheiten des Gesichts, der Stimme, der Gebärde ankündigt … Liebe schließt eine innere Verbundenheit mit einem gewissen Typus des menschlichen Lebens ein, der uns als der Beste erscheint und den wir in einem anderen Wesen vorgebildet, angedeutet finden."

So geht es auch den Frauen mit ihrem verinnerlichten Vaterbild bei der Partnerwahl. Der Vater war der erste Mann in ihrem Leben, ihr erstes heterosexuelles Liebesobjekt. Er ist gleichsam eine mythische

34

Größe. In Goethes *Pandora* heißt es: „Ist doch ein Vater stets ein Gott." Natürlich handelt es sich um eine kindliche Überschätzung und ein idealisiertes Vaterbild. Die Frau wird diese Gefühle für den Vater unbewusst auf jeden Anwärter ihrer Liebe übertragen, und zwar positiv oder negativ. War der Vater tatsächlich eine gute, schützende und anerkennende Instanz, so muss der Ehepartner diesem Vorbild entsprechen. Kann er diese Erwartungen nicht erfüllen, gerät er unter das Fallbeil der weiblichen Enttäuschung.

Trägt die Frau die Wunde der väterlich Ungeliebten in sich, so wird der Ehepartner das seelische Loch dieser Vaterentbehrung füllen müssen. Ob er das leisten kann, ist fraglich. Denn es ist eine regressive, also rückwärts gewandte Sehnsucht. Im schlimmsten und neurotischen Fall versucht das ehemals ungeliebte Mädchen als erwachsene Frau immer noch die Liebe des schlechten Vaters zu gewinnen – in Gestalt eines sie schlecht behandelnden Partners. So ist es zu erklären, dass misshandelte Frauen oft wiederholt an missbrauchende Männer geraten.

Der Dichter und Literaturkritiker Friedrich Schlegel (1772–1829) rückt die Zwiespältigkeit dieser Sehnsucht (in *Philosophische Vorlesungen*) so in das Bild: „Ein reines Sehnen, reine Liebe kann nur aus der Erinnerung erklärt werden, das reine Sehnen ist immer ein Streben nach einem bekannten, aber unbestimmten Etwas, also nach einem Etwas, das man schon vorher gekannt, einem Gute, einer Herrlichkeit, die man schon einmal genossen hat; es ist ein dunkles Vorgefühl eines unbekannten Gegenstandes, das Streben in eine unermessliche, dunkle Ferne." Das Ferne ist in diesem Fall die erfüllte oder die nie gestillte Vaterliebe.

Finden ist auch hier oftmals ein Wiederfinden. Margarete (33), Chemielaborantin, verliebte sich, wie der Installateur Gregor, auf den ersten Blick. Vor ihren Augen entstand nämlich dabei ihr urmächtiges Vater-Tochter-Bild. Sie lernte Martin, einen blonden, hübschen Pharmavertreter, auf der Geburtstagsparty ihrer Freundin kennen. Aber es war weniger seine raffaelsche Engelsgestalt, die sie entzückte, sondern vielmehr seine väterliche Qualität. Martin hockte nämlich, als Margarete verspätet eintraf, in einem Kinderstühlchen und spielte mit der Tochter der Freundin hingebungsvoll Hoppe-Hoppe-Reiter. Später las er der Kleinen mit viel Intonation und Begeisterung das Grimmsche Geschwistermärchen „Die sechs Schwäne" vor. Er beachtete Margarete überhaupt nicht. Er war vollständig in seine freudvolle Begegnung mit dem kleinen Mädchen versunken.

Margarete erinnert sich: „Ich konnte meinen Blick nicht von diesem zärtlichen Mann lösen. Er schien mir wie mein Vater. Genau so hatte mein fröhlicher Vater mit mir als Kind gespielt, meine Nähe gesucht und mir Abend für Abend meine Lieblingsmärchen vorgelesen. Ich verliebte mich fast gegen meinen Willen in Martin, denn ich lebte noch in einer Beziehung, die allerdings ein ziemlicher Wackelpudding war. Ich wollte so von Martin geliebt werden. Ich habe gekämpft wie eine Löwin um ihn, denn er war zwar unverheiratet, aber mit einer Arbeitskollegin liiert. Heute liest Martin mir Märchen vor und spielt stundenlang Scrabble mit mir. Natürlich ist er nicht mein Vater. Manchmal zieht er sich tagelang innerlich zurück und ist kaum ansprechbar. Eine Idealehe sind wir sicher nicht. Aber über meinem Biedermeiersekretär, den mein Vater mir zu unserer Hochzeit schenkte, hängen zwei Fotos: Vater und Martin."

Die Liebe als Finden und Wiederfinden enthält also gleichermaßen Elemente des Realen wie des Irrealen, des Erfahrenen wie der Projektion. Der Rückgriff auf unsere erste Liebe zu Mutter und Vater ist eine lebensnotwendige Erfahrung, aber oftmals von einer infantilen Erwartungshaltung und Glorifizierung besetzt. Gleichzeitig projizieren wir diese Sehnsüchte in der Champagnerstimmung der (anfänglichen) romantischen Liebe in unsere „Traumfrau" oder unseren „Traummann". Goethe schrieb an Riemer: „Die wenigsten Menschen lieben an dem anderen das, was er ist, nur das, was sie ihm leihen, sich, ihre Vorstellung von ihm, lieben sie."

Diese Illusion kann beflügeln oder zum Absturz in Desillusion und Ernüchterung führen. Sicher ist, die

Gegenwart steht im Schatten der Vergangenheit. Im negativen Fall sind wir mit dem Schatten der Liebe konfrontiert. Ortega y Gasset charakterisiert ihn (in *Über die Liebe*) mit den Worten: „Es ist nicht so, dass Liebe manchmal Fehler macht, sondern die Liebe selbst ist ein Fehler. Wir verlieben uns, wenn unsere Fantasie auf eine andere Person die Perfektion projiziert, die sie nicht hat. Eines Tages verschwindet das fantastische Bild, und mit ihm stirbt die Liebe."

Deswegen ist die Liebe noch lange keine Illusion. Aber sie enthält oft auch illusorische Truggebilde. Die Psychoanalyse spricht dann von der *Kollusion* des Paares. Was meint dieser zentrale Begriff?

Die Kollusion:
Spiele unserer Vergangenheit

In der Verliebtheit, wie überhaupt in jeder intensiven erotischen Begegnung zwischen Frau und Mann, werden die frühesten Beziehungserfahrungen des Kindes mit den Eltern und vor allem die allerfrühesten des ganz kleinen Kindes mit der Mutter wiederbelebt.

Hans Jellouschek
Die Kunst als Paar zu leben (1992)

Vergessen wir Heide und Robert aus dem ersten Kapitel nicht. Du erinnerst dich, liebe Leserin, lieber Leser: „Sie war ein Blümlein, hübsch und fein, hell aufgeblüht im Sonnenschein". Was der herzige Reim verschweigt, ist, dass Heide eine tüchtige und erfolgreiche Geschäftsfrau war. Sie führte das von der Mutter übergebene große Damen- und Herren-Oberbekleidungsgeschäft als Chefin weiter. Aus dem schlanken Blümchen wurde im Laufe von vierzig anstrengenden Ehejahren eine herrschsüchtige „Furie", wie Robert sie in den zunehmenden Ehestreitigkeiten nannte. Das wagte er allerdings meist nur hinter ihrem Rücken zu sagen. Robert seinerseits, von Heide als „Schlappschwanz" tituliert, hatte in der Zweierbeziehung unter der Despotin nichts zu lachen. Heide kontrollierte und kommandierte ihn rund um die Uhr. „Mein größter Fehler war", so bekannte der weichlich-übergewichtige

KOLLUSION:
OPFER UND SIEGER

Mann in der Paartherapie, „in das Geschäft meiner Frau einzutreten. Es gehört ihr. Sie hat die Befehlsgewalt. Sie gebietet über die Finanzen. Ich bin ihr Untertan." Robert, der keine abgeschlossene Berufsausbildung hat, war von seiner Frau wirtschaftlich abhängig.

Heide und Robert standen vor der größten Krise ihrer Zweierbeziehung. Nichts lief mehr. Robert hatte seit zwei Jahren mit dem Hinweis auf seine Herzbeschwerden die Sexualität eingestellt. Das war eine Lüge. In Wahrheit unterhielt er heimlich eine erotische Außenbeziehung zu einer früheren Klassenkameradin. Heide kam ihm auf die Schliche. Sie inszenierte Kräche von apokalyptischem Ausmaß.

Aber erstmals leistete der notorische „Loser" Robert Widerstand. Er spielte nicht länger die Rolle des kleinen passiven Jungen, sondern bestand darauf, die Ehe mit Hilfe eines Paartherapeuten einem „seelischen Frühjahrsputz" zu unterziehen. Er setzte sich gegenüber Heide durch und weigerte sich damit auch, die alleinige Schuld für das Beziehungsdilemma zu übernehmen. Ich musste spontan an Friedrich Schiller denken: „Die losgebundenen Furien der Wut ruft keines Herrschers Stimme mehr zurück." (*Wallensteins Tod*).

Was war los? Warum hatte die dominante und zwanghafte Heide den nachgiebig-gefügigen Robert als Herzensschmetterling gewählt? Weshalb war der weiche Robert von dem gar nicht so harmlosen Herzensblümlein Heide so fasziniert? Hier greift die therapeutische Hilfestellung nicht, wenn sie nicht hinter dem Geheimnis der Partnerwahl das verborgene Drama der familiären Psychogenese aufdeckt. Der Schweizer Psychiater und Psychotherapeut Jürg Willi nennt das unbewusste Zusammenspiel von Frau und Mann vor dem Hintergrund ihrer kindlichen Prägung die *Kollusion*. Was bedeutet dieser Begriff, der die Paartherapie revolutioniert hat?

Kollusion kommt vom lateinischen *con* und *ludere, zusammen spielen*. Dieses Zusammenspiel enthält, wie beim Fußball, auch Momente der Ablenkung, List und Täuschung, die sich allerdings unbewusst entwickeln. Jürg Willi definiert in seinem Standardwerk *Die Zweierbeziehung* (erstmals 1975 erschienen, inzwischen mehrere Hunderttausend Auflage) so: „Unter Kollusion verstehe ich das Zusammenspiel in einem neurotischen Paarkonflikt. Neurotisch meint, dass die Partner auf Grund ihrer Fixierungen an unbewusste Konfliktsituationen der Kindheit nicht in der Lage sind, Differenzen zielgerichtet und sachbezogen miteinander zu bewältigen."

Nicht jeder Ehekonflikt ist zugleich eine Kollusion. Aggression und Streit sind meist notwendige Klärungshilfen auf dem gemeinsamen Weg der Paarevolution. Aber wann liegt eine Kollusion vor? Jürg

Willi erläutert: „Das Vorliegen einer Kollusion, also eines neurotischen Zusammenspiels, kann vermutet werden, wenn in einem Paarkonflikt beide Partner sich in inadäquater Weise in ein stereotypes Streitritual verwickeln, das einen hohen Anteil ihrer psychischen Energie absorbiert und über lange Dauer keinem der Partner eine Lösung des Konflikts oder ein Entrinnen aus der Verstrickung erlaubt." Und: „So kann der Ehestreit für Partner zum Lebensinhalt über Jahrzehnte werden. Sie bekriegen sich aufs Messer und machen sich das Leben zur Hölle. Unter dem Dauerstress kommt es zu psychosomatischen Krankheiten, die sogar tödlich verlaufen können."

Das kollusive Zusammenspiel eines Paares hat also nichts mit seiner natürlichen Arbeitsteilung und ihrem Ergänzungsverhalten zu tun (sie kocht, er erledigt das Grobe, repariert, gärtnert etc.). Wo Partner sich gut kompensieren, erzielen sie vielmehr Bereicherung und Gewinn. Willi: „Neurotisch wird dieses Zusammenspiel erst durch den Abwehrcharakter. Das Übernehmen oder Abtreten gewisser Funktionen resultiert nicht aus einem freien Spiel zwischen den Partnern, sondern wird durch irrationale Motive erzwungen, deren Wurzeln in unbewältigten frühkindlichen Traumatisationen und Konflikten liegen."

Nunmehr entschlüsselt sich Heides und Roberts Ehekonflikt als eine *zwanghafte Kollusion*. Willi spricht, gut freudianisch, von einer „anal-sadistischen Kollusion". Heide, eine hundertprozentige Mutter-Tochter, hatte Zwanghaftigkeit und totalen Besitzanspruch von ihrer rigiden Mutter vorgelebt bekommen und gelernt. Diese war ein Musterbeispiel an Sauberkeit, Sparsamkeit, Pünktlichkeit und Ordnungsliebe gewesen. Als finanzstarke Geschäftsinhaberin hielt sie ihren lebenslustigen, aber schwachen Mann, der als kleiner Kommunalbeamter wenig verdiente, eisern im Griff. Sie war streng religiös und verurteilte seine „Flirtgeschichten mit Weibern", wie sie das nannte, scharf.

Gleichzeitig fürchtete sie sich davor, dass der charmante Gatte mit einer anderen Frau „durchbrennen" könnte. Also bekämpfte Heides Mutter das Autonomiebestreben ihres Mannes. Sie kompensierte ihre geheime Verlustangst negativ damit, als Stärkere zu agieren und Macht auszuüben. Als Mutter erwartete sie auch von der Tochter absolute Gefolgschaft. Sie suchte, vergeblich, Heides „Eigen-Sinn" zu brechen und sie auf Gehorsam zu dressieren. Bei ihrem Ehemann gelang es ihr. Ihre Kontrolle über ihn war – fast – lückenlos. Er kuschte und ließ sich als Gegenleistung dafür finanziell mehr oder weniger von ihr aushalten. Die beiden befanden sich in einer geradezu idealtypischen Kollusion. Die Streitigkeiten nahmen kein Ende. Die Herrschsucht machte Heides Mutter hart, der devote Gehorsam den Vater blind.

Heide wiederum kopierte exakt das kollusive elterliche Beziehungsmuster. Auch sie hatte Angst, den lieben, ob seiner Freundlichkeit von den Frauen geschätzten Robert zu verlieren. Das hätte sie nie zugegeben. Sie wusste es auch nicht. Es steckte als Not tief in ihrem Unbewussten. Hinter der markigen Geschäftsfrau verbarg sich ein labiles weibliches Ego. Heide fühlte sich, wie sie einmal weinend in der Sprechstunde gestand, nie als „richtige satte Frau". Sie hatte, wie ihre Mutter schon, einen hypertrophierten *Animus* (C. G. Jung), eine dominant-unterjochende männliche Seele, als Abwehrmechanismus gegen ihre Verlustängste entwickelt. Robert passte zu ihr wie der Schlüssel zum Schloss. Diese Entsprechung macht das Wesen der Kollusion aus.

Robert seinerseits war das überverwöhnte Nesthäkchen seiner früh verwitweten Mutter gewesen. Die Mutter und die beiden älteren Schwestern verhätschelten ihn. Sie riefen ihn mit dem Namen „Püppi" – und diese willenlose Puppe blieb er denn auch. Er ließ sich bedienen. Er brach die Oberschule ab und ließ sich noch als Junggeselle von der wohlhabenden Mutter subventionieren. Robert betrachtete das Leben als eine soziale Hängematte. Er setzte der Umgebung keinen Widerstand entgegen. Sein Ich-Komplex hatte die schlabbrige Konsistenz eines Puddings. Robert bummelte durch das Leben, passiv, Hilfe heischend und konturenlos. Er war nachgiebig, gefügig, verschwenderisch. Er neigte zur

Nachlässigkeit, Vergesslichkeit und Ungeschick-lichkeit. Damit war Robert ideal für die Herrscher-Untertanen-Kollusion präpariert. „Heide", so ge-stand er mir, „war meine Rettung."

Wenn Robert auf dem Höhepunkt dieses neuro-tischen Zusammenspiels sich zum Angestellten sei-ner Frau machen ließ, so entsprach das den geheimen Wünschen ihrer Partnerwahl. Heide erfüllte sich als aktive Partnerin den aus Angst geborenen Anspruch, den Ehemann wie eine Immobilie ganz zu besitzen. Robert fühlte sich als passiver Partner und in seiner oralen Infantilität gehalten, genährt und kindlich versorgt durchs Leben getragen.

Genau so sieht Jürg Willi die zwanghafte Kollusion: „Der aktive Partner kann so seine eigenen Tren-nungsängste verleugnen, weil diese vom passiven Partner ausgedrückt werden. Der Passive verzichtet auf die Entfaltung von Autonomie, die er dem Part-ner abtritt. *In der Partnerwahl* sagt sich der aktive Partner: ‚Ich kann in dieser Beziehung so autonom, aktiv und mächtig sein, weil du so abhängig, passiv und gefügig bist', und der passive Partner kann sich sagen: ‚Ich kann so abhängig, passiv und verantwor-tungsfrei bleiben, weil du so autonom, stark und mächtig bist'".

Warum platzen Kollusionen eigentlich? Könnte ein Paar nicht das vertraute neurotische Muster bis an das Ende seiner Tage weiterleben? Nicht wenige

Paare tun das. Sie zahlen allerdings beträchtliche Spesen für diese wechselseitige emotionale Vergewaltigung. Meist aber bricht das Verdrängte auf. Denn Leben ist Entwicklung, Sehnsucht nach Autonomie und Selbstentfaltung. Das Verlangen danach stellt eine unbedingte Notwendigkeit dar.

Völlig von den jeweiligen Umständen des Paares abhängig ist dagegen, wer und was den Konflikt auslöst. In unserem Fall war es Robert mit seiner Außenbeziehung. Unbewusst rebellierte er damit gegen die totale Herrschaft Heides. Das jahrzehntelang Verdrängte – konstruktive Aggression und Männlichkeit – meldeten sich bei ihm. Umgekehrt wurde Heide durch Roberts zentrifugale erotische Bewegung mit ihrer verborgenen Verlustangst und kompensatorischen Machtergreifung über den Ehemann konfrontiert. Beiden fiel es im Verlauf der liebevollen Paar- und Einzeltherapie wie Schuppen von den Augen. Sie begriffen sich und den anderen. Heide entwickelte Achtsamkeit und Respekt vor Robert. Dieser schlich seine Außenbeziehung sanft „homöopathisch" aus. Er beglückte seine Frau und sich wieder sexuell. Er machte sich mit einer eigenen Herrenboutique beruflich selbstständig, brachte sich durch Ernährungsumstellung und Sport auch körperlich wieder in Form und entwickelte sich zum attraktiven Mann.

Heide und Robert waren eine Art Bilderbuchfall, wie man sie in dieser Störung und Heilung selten so eindeutig erlebt. Ihr explosiver Konflikt entfaltete vulkanische Energien. Ich gab ihnen einen treffenden Satz aus Goethes *Wahlverwandtschaften* mit auf ihren Weg: „Im Ehestand muss man sich manchmal streiten, denn dadurch erfährt man was voneinander."

Die *orale Kollusion* ist nach Jürg Willi „wesentlich von der Vorstellung getragen ..., der eine habe als ‚Mutter' den anderen als hilfloses ‚Kind' zu betreuen, wobei die unausgesprochene Annahme die Partner verbindet, dass die Hilfsbereitschaft des einen unerschöpflich und frei von Anspruch auf Gegenleistung zu sein habe und der Hilfsbedürftige von allen Ansprüchen zur Selbsthilfe verschont werden müsse."

Hierbei korrespondieren Konflikte in der frühen Mutter-Kind-Beziehung mit der Diskrepanz in der Ehe. Das ist die Theorie. Die Praxis erlebten Luise und Philipp. Dabei war die Initialszene ihrer Liebe so herzbewegend.

Philipp, achtundvierzig, Masseur, begegnete der gleichaltrigen Luise, Kosmetikverkäuferin, untergewichtig, im Wartezimmer eines Zahnarztes. Philipp: „Die Frau, die da eingesunken in ihrem Korbsessel saß, war elfenhaft zart. Sie wirkte bedürftig und zerbrechlich auf mich. Außerdem äußerte sie mir gegenüber Angst vor der länger dauernden Behandlung der Amalgamentfernung. Luise alarmierte sämtliche Helferinstinkte in mir. Sie deutete auch an, dass es ihr privat schlecht gehe. Ich vereinbarte mit ihr, nach dem Zahnarztbesuch aufeinander zu warten und Kaffee trinken zu gehen. Dort berichtete sie mir von ihrem Liebeskummer. Ihr Freund hatte sie gerade verlassen. Sie brach in Tränen aus. Ich nahm begütigend Luises Hand und streichelte sie. Dann brachte ich sie mit meinem Auto nach Hause. Ich riet ihr noch, sich ins Bett zu legen und sich eine warme Bettflasche zu machen. Am liebsten hätte ich das selber getan und ihr einen Teddy ins Bett gesteckt. War sie nicht ein süßes Kind?"

Genau dieses „Kind sein" der erwachsenen Luise ließ ihre Beziehung, aus der eine Heirat geworden war, fünfzehn Jahre später kriseln. Denn Luise kränkelte fast ununterbrochen. Sie erwies sich als Hypochonderin. Sie suchte unaufhörlich Ärzte auf. Sie ließ auf ihrem Leidensweg durch Praxen und Krankenhäuser als „Koryphäenkillerin" Gynäkologen, Internisten, Kardiologen, HNO-Spezialisten und Gastroenterologen frustriert zurück. Philipp, unsere männliche Mutter Teresa, verbrachte viel Zeit am Siechbett seiner Unglücklichen. So paradox es klingt: Er fühlte sich wohl dabei. Luise genoss seine Aufmerksamkeit. Sie war der Mittelpunkt seines Universums. Er gestaltete seine Liebe als Intensivstation.

Genau das macht das Wesen der *oralen Kollusion* aus. Im Normalfall ist die so genannte *orale Phase* des Säuglings und Kleinkindes angemessen und schön. Das Kind braucht das umfassende Genährt- und Befriedigtwerden als existenzielle Lebensnotwendigkeit. Es folgt dem reinen Lustprinzip. Noch kann es nicht klar zwischen Ich und Nicht-Ich unterscheiden. Irgendwann jedoch findet die *Subjekt-Objekt-Spaltung* statt. Das Kleinkind beginnt die Mutter als eigenständiges Individuum wahrzunehmen. Es integriert das realistische Bild der „guten" fürsorglichen und der „bösen" abwesenden oder frustrierenden Mutter und überwindet seine Urängste.

An die Stelle des Lustprinzips treten das Realitätsprinzip, die Frusttoleranz, das Aufschieben von Bedürfnissen und das Urvertrauen über die alltäglichen Enttäuschungen hinweg. Mit „Übergangsobjekten" wie dem Schnuller, der Puppe oder einem Stofftier tröstet es sich über die vorübergehende Abwesenheit der Mutter. Das Kind stillt sein orales Bedürfnis nach Gepflegtwerden, die Mutter nach Geliebtwerden. Das ist gut so.

Eine negative *orale Kollusion* kann daraus entstehen, dass zum Beispiel die von der Ehe unbefriedigte Mutter das Kind zur Stillung ihrer eigenen seelischen Bedürfnisse missbraucht. Jürg Willi: „Manche Mütter ‚fressen ihr Kind aus Liebe' fast auf, stopfen es in triebhaft lustvoller Weise mit Nahrung voll, zerdrücken es beinahe in ihren Armen und gehen ganz in der Vorstellung auf, das Kind sei ein Teil von ihnen und gehöre ganz ihnen."

Umgekehrt kann auch das Kind, das sich von der symbiotischen Mutterbindung nicht ablöst, seine Mutter mit seiner Gier verschlingen und sich weigern, erwachsen zu werden. Menschen mit oralem Charakter vermögen sich selbst nicht zu bemuttern (oder zu bevatern). Sie leiden unter einem Gefühl der Leere und der Wertlosigkeit. So haben Esssüchtige oft einen oralen Charakter. Bulimikerinnen verschlingen alles Essbare in ihrer Umgebung und kotzen es wieder aus. Ihre Ess-Brechsucht soll ihre maßlose, unerfüllte Gier nach Liebe kompensieren. Ihre Weiblichkeit stagniert. Sie werden zum Minderwertigkeitskomplex auf zwei Beinen.

Die gestörte Oralität wurde auch zu Luises Beziehungskatastrophe. Sie war als kleines Kind nie satt geworden. Ihr Vater, ein klassischer „abwesender Vater", arbeitete ständig bis in die Nachtstunden in seinem Architekturbüro und existierte ansonsten lediglich hinter der Morgenzeitung oder in seinem Hobbykeller. Die Mutter, halbtags beschäftigt, war überfordert. Sie kümmerte sich aufopferungsvoll um Luises ein Jahr älteren Bruder, der kleinwüchsig und geistig behindert war.

Luise klagte: „Ich kam immer zu kurz. Weil mein Bruder ständige Pflege brauchte, stillte mich meine

Mutter wenige Tage nach meiner Geburt ab und verfrachtete mich in das Gästezimmer. Dort habe ich mir dann, wie mir meine Mutter später berichtete, die Seele aus dem Leib geschrien. Mein Bruder bekam mein Bett im Schlafzimmer der Eltern. Die Mutter hatte ihn ständig auf dem Schoß und streichelte ihn. Ich wurde zum Spielen ins Kinderzimmer geschickt. Dort saß ich einsam herum."

Luise befand sich in einem Zwiespalt. Sie konnte der Mutter nicht ihre Wut zeigen, weil diese sich ja für den kranken Bruder aufopferte. Ihn durfte sie nicht hassen, weil er so offensichtlich bedürftig und benachteiligt war. Unbewusst verlegte sich die kleine Luise auf eine autoplastische (selbst manipulative) und damit autoaggressive Lösung ihres Dilemmas: Sie wurde häufig krank. Prompt wurden der Vater und der Bruder aus dem Elternschlafzimmer verscheucht, und Luise durfte im Ehebett an der Seite ihrer Mutter schlafen. Nun bekam sie all die Zuwendung, nach der sie sich sehnte: Streicheln, Gespräche, Leckereien, kurz Aufmerksamkeit in Hülle und Fülle. Sie durfte ein umsorgtes, hilfloses Kleinkind sein. Dieses passiv-regredierte Verhalten übernahm Luise als Erwachsene wieder, um Zuwendung zu erzwingen. Ihre Krankheiten waren weitgehend psychosomatisch. Sie dienten als Waffen im Kampf um die Liebe.

Das Schwierige war nur, dass Philipp Luises unbewussten Waffengang nicht bekämpfte. Tief im Innern wollte er seine Kindfrau Luise auf Dauer krank. Denn er war von seiner Natur her der *Helfer,* also der komplementäre Charakter. Er hatte als kleiner Junge genau das Gegenteil von Luise erlebt. Seine Mutter, die an einer chronifizierten Depression und an zahlreichen „Frauenkrankheiten" litt, musste meist das Bett hüten. Da der Vater fleißig war, sich im Beruf aufrieb und mit Eigenleistungen das Haus baute, kam Philipp die Rolle des Vatersubstituts zu. Er wurde der Ersatzehemann, Intimus und Krankenpfleger der schwächelnden Mutter.

Philipps Kindheit war dadurch verschattet und zugleich geadelt. Einerseits wurde er durch seine Helferhaltung parentifiziert (von *parentes,* lateinisch *Eltern*), das heißt in eine Erwachsenenrolle gezwängt und um seine eigene Bemutterung betrogen, andererseits erwarb der rücksichtsvolle Knabe den Status eines uneigennützigen „Engels", wie ihn die Mutter lobte. Sein Selbstgefühl erwuchs direkt aus seinem Helfenkönnen.

Dies bildet den Kern des *Helfersyndroms,* wie ihn der Psychoanalytiker Wolfgang Schmidtbauer in seinem erschütternden Buch *Die hilflosen Helfer* analysiert hat. Der Helfer kommuniziert fast ausschließlich über seine karitativen Inszenierungen. „Ich bin, weil ich helfe", lautet sein unbewusstes Credo. Er bezieht seine Existenzberechtigung aus dem Helfen. Außer dem Helfen hat er kein Selbstwertgefühl. An einen körperlich und seelisch gesunden Partner traut sich die aktiv orale Persönlichkeit nicht heran, weil er sich diesem nicht ebenbürtig und attraktiv genug fühlt. Erst wenn der Partner schwach und klein ist, fühlt er sich ihm gewachsen.

So wie der Pflegling seine Verlustangst kompensiert, indem er den Pfleger durch die Krankheit zu sich zwingt, so bindet der Helfer den Pflegling in Abhängigkeit an sich. Er schenkt ihm jene Mutterliebe, die er selbst in seiner Kindheit als „kleiner Erwachsener" nicht erhalten hat. Der Pfleger hat nicht gelernt, eigene Ansprüche zu stellen. Er hält sich nicht für liebenswert. Die wechselseitige Abhängigkeit ist das Bündnis zweier unreifer, noch schwacher Charaktere. Die psychische Arbeitsteilung ist frappierend: Der Helfer darf nicht krank werden, weil er sonst aus der Rolle springt und in seiner neurotischen Selbstkonstruktion („Ich bin, weil ich helfe") gefährdet ist. Der Pflegling darf nicht leib-seelisch gesund werden, weil er sonst abstürzt („Nur wenn mir geholfen wird, bin ich").

Die Partnerwahl in der *oralen Kollusion* garantiert beiden einen neurotischen Selbstwertzuwachs: Der Pflegling erhält hohe Resonanz und Zuwendung, der Pfleger ein Selbstbild des Altruismus und Gebrauchtwerdens. Das ist in Wahrheit ein Interaktionszirkel, der auf die Dauer das Selbstwertgefühl beider untergräbt. Wenn Philipp jahrelang dem Einstellungssatz folgte, „ich kann so fürsorglich sein, weil du so bedürftig bist", so hing ihm eines Tages sein Sanitäterdasein zum Hals heraus. Seine Batterie war leer, er wollte endlich auch umsorgt werden. Wenn umgekehrt Luise die Maxime verinnerlicht hatte, „Ich kann mich so passiv umsorgen lassen, weil du so fürsorglich bist", so machte sie ihre unterlegene Position à la longue wütend. Mündel will Vormund werden.

Es kam zum Krach und zur Paartherapie. Ihre alte Beziehung erwies sich als ein Selbstheilungsversuch, der zum Scheitern verurteilt war. Luise drängte Philipp in die Pflegehaltung, Philipp Luise in die infantile Hilfsbedürftigkeit. Philipp und Luise stiegen aus ihrem chronischen Helfen und Helfenlassen aus. Der Zorn über ihre kranke Beziehung gab ihnen Flügel. So formulierte es auch die französische Schriftstellerin Anaïs Nin (in *Absage an die Verzweiflung*): „Zorn kann einem Kräfte verleihen, die einen zum Handeln bringen."

Jürg Willi kennt eine Vielzahl weiterer Kollusionen, denen wir zum Teil in den folgenden Kapiteln noch begegnen werden. Als hochdramatisch habe ich die *narzisstische Kollusion* erlebt. Es ist dies, vereinfacht gesagt, die Verbindung von einem Exzentriker mit einem Anbeter. Alexander (46), Maler, Musiker und Allroundtalent, und Monika, Altenpflegerin und hingebungsvolle Mutter zweier Kinder im Grundschulalter, waren so ein denkwürdiges Gespann. Monika kam zu mir wegen einer quälenden Auseinandersetzung: Sie wollte noch ein drittes Kind, Alexander war strikt dagegen. Er argumentierte: „Dann hast du ja gar keine Aufmerksamkeit mehr für mich."

Diese Äußerung brachte mich auf die analytische Spur zur *narzisstischen Kollusion*. Alexander war eine farbige Persönlichkeit, die mich beeindruckte. Er war ein akademischer Maler, er beherrschte mehrere Musikinstrumente, unterrichtete Argentinischen Tango. Er war schlank und hochgewachsen. Mit seinen hautengen schwarzen Anzügen sah er aus wie der verstorbene französische Couturier Yves Saint-Laurent. Er war aber in seiner Ich-Bezogenheit, seinem monologischen Redefluss und seiner Eitelkeit manchmal schwer aushaltbar. Er hielt sich offenbar an die Maxime des Hysterikers: „Meine Frau und ich bewundern mich maßlos."

Demgegenüber wirkte die introvertierte, dezent gekleidete Monika auf mich eher unscheinbar und als Alexanders Claqueurin, als sein Publikum. Man entdeckte erst auf den zweiten Blick ihre bewunderungswürdigen weiblichen Qualitäten. Gerierte sich Alexander als Werbepapst in eigener Sache, so machte Monika kein Aufhebens von sich. Sie schien nur von und durch Alexander zu existieren. Sie verehrte ihn und idealisierte ihn. Sie ließ sich viel von ihm gefallen, seine schizoide Gefühlskargheit, chronische Rechthaberei und seine mangelnde Einfühlung. Nur in der Frage eines weiteren Kindes wagte sie erstmals zu widersprechen. Als sie seinen wachsenden Widerstand zur Kenntnis nehmen musste, ging sie erstmals in eine Frauengruppe. Dadurch geriet sie immer stärker in Opposition gegenüber seiner narzisstischen Weltherrschaft und Übergriffigkeit. Erich Fromm sagt es (in *Vom Haben zum Sein*) so: „Der sehr narzisstische Mensch hat eine unsichtbare Mauer um sich erstellt; er ist alles, die Welt ist nichts – oder vielmehr: Er ist die Welt."

In diesem Fall ist mit dem homogamen Muster „Gleich und gleich gesellt sich gern" das Geheimnis der Partnerwahl nicht zu entschlüsseln. Bei Alexander und Monika haben sich offensichtlich die Gegensätze angezogen: Die stolze Rose und das bescheidene Veilchen im Moose brauchten sich. Beide müssen also einen neurotischen Mehrwert aus ihrer Kollusion und *Heterogamie* (die Extreme ziehen sich an) gezogen haben.

Fangen wir mit Alexander an. Seine Mutter, eine gefragte Konzertsängerin, hatte einen großen Geltungsdrang, den sie trotz ihrer drei Kinder mit häufigen Tourneen befriedigte. Alexander war der mittlere von drei Söhnen, ein „Sandwich-Kind", das im Schatten stand, von seiner Mutter kaum wahrgenommen wurde. Diese renommierte ohnehin mehr mit ihrer Mutterrolle, als sich wirklich darauf einzulassen. Für den Vater, einen arbeitssüchtigen Bauunternehmer und Fußballfan, war der lange Zeit linkische und unsportliche Alexander kaum existent.

Alexander zählte zu den „Narzissten mit Verwahrlosungsstruktur", von denen Jürg Willi spricht. Willi: „Sie wurden in ihrer Existenz gar nie richtig beantwortet. Sie erlebten es nie, von einer Beziehungsperson für wichtig erachtet zu werden, sie hatten nie jemanden, der sich ernsthaftig und nachhaltig um sie bemühte und sich mit Einfühlung um sie kümmerte. Sie retteten sich über diesen Mangel hinweg durch Rückzug in eine Welt halluzinatorischer Wunscherfüllung, in eine fantastische Traumwelt, deren Mittelpunkt sie bilden, eine Welt, die nur ihnen gehört."

Ein derart neurotisch-narzisstisch imprägnierter Charakter kompensiert sein kleines Selbst mit grandiosen Allmachtsfantasien. Alexander realisierte sie sogar beruflich erfolgreich. Mit dieser unbewussten Absicht, sich endlich zu erhöhen, wählen Narzissten unbewusst auch ihre Partner aus. Jene sollen ihr schwaches Ich auf ein Podest stellen, ihr möglichst frenetisch applaudierendes Publikum und gleichsam Groupie des Stars sein. Es ist, als ob der Psychiater Jürg Willi meinen Klienten Alexander gekannt hätte, wenn er schreibt: „Oft wird die Partnerin etwa in der Funktion eines Hundes gewünscht: Ganz auf seinen Herrn bezogen, ihm total ergeben, dankbar für alles, was er ihm gibt, freudig wedelnd, wenn er erscheint, traurig, wenn er weggeht, aber all das ohne Forderungen und eigene Ansprüche."

Warum gibt sich aber andererseits eine Frau überhaupt diesem hysterischen Selbstdarsteller hin? Ist sie wirklich nur aufopferungsvoll? Oder zieht sie einen versteckten Gewinn daraus? Hören wir Monika. Am Ende der gleichzeitigen Einzeltherapie bei einer Psychologin und der Paartherapie bei mir erkannte sie Glanz und Elend ihres kollusiven Anteils an der Eheinszenierung „Pfau und Maulwurf". Sie war, mit Jürg Willi zu sprechen, eine „Komplementärnarzisstin".

Monika: „Ich habe mich immer als ‚unterer Durchschnitt' gefühlt. Als junges Mädchen hatte ich lange Zeit keinen Freund. Das Gymnasium habe ich, im Gegensatz zu meinen Brüdern, nicht geschafft. Ich bewunderte sie immer sehr. Meine Begabung lag mehr im Praktischen, aber das habe ich nicht erkannt und daher auch nicht geschätzt. Meine Eltern waren auf meine Brüder fixiert. Ich lief eher so mit. Meine Mutter war richtig verschmust mit meinen Brüdern, mich hielt sie wohl mehr für eine praktische, häusliche Arbeitskraft. Nie hörte ich von ihr den Satz, ‚Du bist schön', oder ‚Du bist klug'. Ich empfand mich als eine Last für meine Eltern. Ich hatte einfach keinen Glanz. Mit mir war kein Staat zu machen. In meinen Fantasien träumte ich davon, eine berühmte Balletttänzerin oder Schauspielerin zu werden. Was wurde ich? Eine Altenpflegerin. Das gilt in meiner akademischen Familie nichts."

In ihrer Partnerwahl verfiel Monika unbewusst auf die Idee, sich den ersehnten Glanz zu borgen. Monika: „Wenn ich schon selbst keine Chance hatte, ein strahlender Stern zu werden, so sollte dies ersatzweise ein Mann für mich unternehmen. Alexander war diese Supernova. Er überstrahlte einfach alles. Er war der Traummann. Für ihn hätte ich alles getan. Er hob mich mit seinem Leuchten in die Höhe. Die Sonne, die mich bestrahlte und aufleuchten ließ. Ich bewunderte ihn kritiklos. Er machte aus mir Aschenputtel eine Prinzessin. Stolz wandelte ich an der Seite dieses schönen Cherubs und männlichen Genies, Malers und Musikers. Ich blickte auf die anderen Frauen, diese ‚blöden Gänse‘ mit ihren biederen Büroehemännern, herunter. Ich hatte es geschafft, in eine höhere Umlaufbahn zu entkommen. Erdentbunden schwebte ich mit Alexander, meinem kühnen Kosmonauten, der Milchstraße entgegen."

Was Monika in höchsten lyrischen Tönen als das Geheimnis ihrer Partnerwahl enthüllt, registriert Jürg Willi mit psychoanalytischem Realismus so: „Der Komplementärnarzisst ist im Grunde auch narzisstisch strukturiert, aber mit umgekehrten Vorzeichen. Da, wo der Narzisst nur sich selbst bewundern lassen will, will der Komplementärnarzisst sich ganz für einen anderen aufgeben. Da, wo der Narzisst sein Selbstgefühl erhöhen will, will sein Partner auf ein eigenes Selbst verzichten, um das Selbst eines anderen zu erhöhen, mit dem er sich identifiziert."

In der Tiefe seines Herzens traute Alexander wiederum auf Grund seiner kindlichen Isolation keinem anderen Menschen. In seinem narzisstischen Pirouettentanz um sich selbst wehrte der hochbegabte und verletzliche Mann sich zugleich gegen die vermeintliche Gefahr der Nähe. Monika ihrerseits entfernte sich durch ihre anbetende Verschmelzung mit Alexander von ihrem eigenen hochbegabten Ich.

So schließt sich der Teufelskreis der narzisstischen Kollusion. Willi: „Beide fühlen sich in der Abwehr gesichert. Der Narzisst glaubt, es könne für ihn keine Gefahr eines Selbstverlustes, einer Verschmelzung oder Fremdbestimmung seines Selbst bestehen, da der Partner sich für ihn aufgibt und ihn idealisiert. Der Komplementärnarzisst sieht keine Gefahr, dass er weiterhin unter Minderwertigkeitsgefühlen wegen unerfüllbarer Größenvorstellungen leiden müsse, weil jetzt der Partner an seiner Stelle diese Ansprüche erfüllen wird. Auf einen Interaktionszirkel übertragen, sagt sich der Narzisst: ‚Ich kann so grandios sein, weil du mich so schwärmerisch verehrst', der Komplementärnarzisst dagegen: ‚Ich kann dich so schwärmerisch verehren, weil du (für mich) so grandios bist.'"

Alexander lernte, seine aus der kindlichen Not geborene narzisstische Formel ‚Ich bin, weil ich bewundert werde' hinter sich zu lassen und die größte Liebesgeschichte seines Lebens zu verwirklichen – die Liebe zu sich selbst. Das machte ihn beifallresistenter und liebesfähiger. Er verließ seine hohen Kothurne (erhöhende Bühnenschuhe) und begab sich endlich auf Augenhöhe mit seiner fabelhaften Ehefrau, Mutter ihrer gemeinsamen Kinder und kenntnisreichen Altenpflegerin. Die Beziehung wurde im wahrsten Sinne des Wortes fruchtbar, das dritte Kind meldete sich an. Monika lernte, die Position der Fremdanbetung zu verlassen und sich selbst zu achten und widerständig zu werden. Nicht ganz ohne Bosheit schenkte ich ihr zum Abschied den frechen Spontispruch:

Sei wie die stolze Rose,
Selbstbewusst, eitel und frei,
Nicht wie das Veilchen im Moose, schüchtern,
Bescheuert und treu.

Die Mutterfalle:
Abwehr, Übertragung,
Wiederholungszwang

Ihre Stärke ist zugleich die Schwachstelle der Über-
tragungsliebe. Es sind die alten Gefühle, die mit
früheren Beziehungen verbunden werden – und die
manchmal auch ungelöste Konflikte, unbewältigte
Krisen und unverarbeitete Ängste mit sich bringen.
Wolfgang Hantel-Quitmann
Der Geheimplan der Liebe.
Zur Psychologie der Partnerwahl

Neue Liebe, alte Liebe. Neue Komplikationen, alte
Komplikationen. Das enthüllt die Erkenntnis der
Beziehungskollusion. Sie ist eine praktische Konsequenz aus Freuds Theorie der *Übertragung*. Diese
bildet ein wesentliches Element in der verborgenen
und unbewussten Beziehung zwischen dem Klienten und dem Therapeuten. Sie weist auf die seelische Dynamik in der Herkunftsfamilie des Ersten zurück. Ob der Klient in gleichsam pubertärem
Trotz gegen den Therapeuten rebelliert, ob er ihn
anhimmelt, misstrauisch ist oder jammervoll, ob er/
sie die Therapeutin dämonisiert oder zu verführen
sucht, es sind alles Reaktionsmuster aus der Kindheit und Jugend des Patienten.

"ACH, ICH ARMES ASCHENPUTTEL, ICH BIN JA SO HILFLOS!"

Indem der gleichbleibend wohlwollende Therapeut oder die Therapeutin dem Patienten das aufzeigt und spiegelt, kann dieser seine unreifen, längst anachronistisch gewordenen Gefühlsmuster, Wahrnehmungseinschränkungen und Handlungsverzerrungen erkennen. Dann vermag er sie über Bord seines Seelenschiffes zu werfen und ein souveräner Steuermann des eigenen Lebens zu werden. Die Seele ist die Welt, die wir uns selber schaffen.

Dass die Übertragungsliebe neben ihrer reichen frühen Mitgift auch Verdrängtes und Unverarbeitetes wie Steine im Flussbett mit sich führt, illustriert der Hamburger Professor für Familienpsychologie und Paartherapeut Wolfgang Hantel-Quitmann in seinem scharfsinnigen Buch *Der Geheimplan der Liebe. Zur Psychologie der Partnerwahl* (2. Auflage, 2007) anschaulich: „Nehmen wir zum Beispiel einen Mann, der in seiner Frau auch eine sorgende und liebevolle Mutter wiederfindet, die ihn heute so umsorgt, wie es seine Mutter auch einmal getan hat. Mit den alten angenehmen und warmen Gefühlen, die seine Frau bei ihrem Mann dadurch auslöst, werden gefühlsmäßig auch viele andere Themen wieder angestoßen und empfunden, ohne dass diese bewusst werden müssen. Denn da gab es nicht nur die liebevolle, sondern auch die strafende Mutter, die cholerische Anfälle bekam, herumschrie und sich später wieder dafür entschuldigte."

Hantel-Quitmann zieht das Fazit: „Wenn er heute seine Frau erlebt, wie sie manchmal sauer wird und schreit, dann erinnert ihn das auch an seine Mutter. Aber eigentlich wollte er von einer Frau niemals mehr so behandelt werden wie damals von seiner Mutter, wenn sie aggressiv wurde. Dann gerät er in Clinch mit seiner großen Liebe des Lebens und will ihr die notwendigen Grenzen setzen, so wie er es früher immer gerne gekonnt hätte. Seine Frau, die diesen Hintergrund nicht kennt, ist überrascht angesichts seiner Vehemenz. Der Streit, der sich daraus entwickelt, kann über eine lange Zeit das Klima vergiften und das vermeintlich unerschöpfliche Konto der großen Liebe belasten."

In der Partnerwahl heiraten wir immer die Geschichte des Partners mit, seine Mutter, seinen Vater, deren Beziehungsmodell, seine Geschwister und seine Position unter diesen. Vieles haben wir uns oft auch einfach von dem gleichgeschlechtlichen Elternteil abgeschaut. Es gibt ja nicht nur übertragungspsychologisch die Mutterfalle und die Vaterfalle, sondern auch, wie die Psychoanalyse es nennt, die gute Mutter-Imago und die gute Vater-Imago (Vorbild).

Ich pflege in meinen Vorträgen, was die Mutterübertragung angeht, immer ein (zunächst) lustiges Beispiel aus der Mutter-Sohn-Übertragung einer Frau zu berichten. Hannah, eine Lehrerin, lernte ihren Mann Hans im Zug kennen. Sie war eine aparte, schlanke und energievolle Frau. Er war etwas dicklich, ein großer lieber Junge mit hängenden Schultern, asexuell. Ein warmer Plüschbär mit Sägemehl im Bauch. Hannah erzählte: „Er fiel mir zunächst gar nicht auf. Dann sah ich ihn mir genauer an. Der oberste Knopf von seinem Jackett fehlte, und er hatte zwei verschiedenfarbige Socken an. Da beschloss ich: ‚Dem Mann muss geholfen werden!'"

Die Sache mit Hans ging jahrelang gut. Aber dann versiegte bei dem inzwischen vierzigjährigen Paar die Sexualität. Natürlich erwiesen sich auch die beiden Kleinkinder als klassische Sexkiller. Aber der wahre Grund für die sexuelle Appetenzlosigkeit zwischen „Plüschbär" Hans und „Mutter" Hannah lag in der seelischen Inzestschranke. Mutter und Sohn schlafen nun einmal nicht miteinander, weder werktags noch sonntags. Als sich in der zähen und hürdenreichen Paartherapie Hans am Ende zum Mann mauserte und Hannah ihre klebrige Mutterrolle aufgab, kehrte die Sexualität wie eine entlaufene Katze in das renovierte Heim zurück. Merke: Das Beziehungsgebäude ist ein Haus, das niemals fertig wird.

Sehr oft praktizieren wir in der Partnerwahl das, was Freud als den *neurotischen Wiederholungszwang* charakterisierte. Töchter von Alkoholikern finden signifikant häufiger als andere Frauen einen süchtigen Partner. Um den strampeln sie dann genauso co-abhängig hartnäckig und erfolglos, wie sie als Kind um ihren zerstörerischen Alkoholikervater gerungen haben. Dieses Versorgungsmuster und die Preisgabe eigener Interessen kennen sie wie ihre Handtasche. Auf den Gedanken, sich einen stabilen und ebenbürtigen Partner auszusuchen, kommen sie erst überhaupt nicht. Es braucht viel Leidensdruck, bis sie dieses destruktive Beziehungsmuster überwinden und sich eine nahrhafte Liebe suchen. Geschiedene berichten mir oft, wie sie in der zweiten Ehe ihre alte destruktive Partnerwahl korrigiert und, in besserer Kenntnis ihrer seelischen Prägung, eine gesunde Partnerschaft gefunden haben. Das Leiden ist ein Unglück *und* ein Lehrmeister.

Einen *neurotischen Wiederholungszwang* erlebte auch mein Klient Herbert. Der damals dreißigjährige Dozent an einer Fachhochschule begegnete seiner späteren Frau Sabrina, einer angehenden Diplombibliothekarin, in der Mensa. Herbert: „Sie saß da sehr konzentriert, gescheit und distanziert. Sie aß und arbeitete gleichzeitig mit einem Marker ein Lehrbuch durch. Das hat mir maßlos imponiert. Ich bin der Sohn einer disziplinierten Topjuristin. Sabrina erinnerte mich sofort an meine Mutter. Ich fing Feuer."

Tatsächlich verlief die Beziehung zwischen dem jungen Hochschullehrer und der Bibliothekarin genau so wie die des Kindes Herbert zu seiner erzgescheiten, aber distanzierten Mutter. Der kleine Herbert hatte sie emotional nie wirklich erreicht, soviel er sich auch abstrampelte. Sie war die Göttin seiner Fantasien, aber niemals die warmherzige Mama, nach der er sich eigentlich gesehnt hatte. Er durfte sie auch nur als „Mutter" anreden. Sie tat alles für seine Ausbildung, aber den Namen seiner Freunde oder den Zustand seiner Unterwäsche kannte sie nicht. In Sabrina fand er ihre Doppelgängerin, klug, kühl und emotionsarm, eine Art Teamkollegin, mehr nicht. Sie hatte es ihrerseits in einer nüchternen Geschäftsfamilie nicht anders gelernt.

Herbert rackerte sich vergeblich ab, eine ekstatische Liebe in Sabrina zu entfachen, ihr Herz zu gewinnen. Der Gefühlszustand war ihr nicht nur fremd, sondern machte Sabrina Angst. Untherapiert, wie sie war, brauchte sie den Seelenpanzer als Schutz ihrer fragilen Persönlichkeit. Sie betrachtete die Welt durch die Schießscharten des Misstrauens. Das Kind in ihr hatte sich in der Unterkühlung eingerichtet. Nach zwanzig Jahren zerbrach die Ehe. Jetzt, nach dem bitteren Abbruch seiner, von Anfang an aussichtslosen, Liebeserzwingung, ließ Herbert seinen *neurotischen Wiederholungszwang* hinter sich. Er fand in seiner zweiten Ehefrau glücklich und folgerichtig einen wahren menschlichen Kachelofen.

Die Mutterfalle ist eine frühe Störung mit vielen Facetten und Fernwirkungen für die Partnerwahl. Da ist die *Muttervergiftung* in Form der Bedrohung der Identität. Sabrina hatte das, wie mir Herbert berichtete, als mütterliches Menetekel erlebt. Ihr Grundgefühl war: „Ich bin nicht okay. Ich kann mich nicht zeigen, wie ich bin. Wenn ich das tue, lehnt mich meine Mutter ab". Sabrina war ursprünglich ein verwegenes, wildes und zärtliches Kind voll anarchistischem Übermut gewesen. Das trieb die Mutter ihr systematisch aus. Sie sollte gehorsam, pflegeleicht und „mädchenhaft" sein und keinen „Trouble" machen. Sabrina verinnerlichte diese mütterlichen Dressate, ihre Verletzungen zeigte sie nicht. Damit kam sie als Erwachsene aus der Wagenburg ihrer Abwehr nicht mehr heraus. Sie war so daran gewöhnt, sich vor der Mutter und den anderen zu verstellen, dass sie es zuletzt auch vor sich selber tat.

Eine Frau wie Sabrina leidet auch unter der Muttervergiftung der Bedürfnisverweigerung. Weil sie durch die Mutter nicht gesättigt wurde, bildeten sich in ihr regelrechte negative „Einstellsätze", die ihr Selbstbild und ihre Position in der Welt für sie definierten. „Keiner hat mich lieb" und „Niemand ist für mich da".

Als erwachsene Frau hat sie dann zwei Möglichkeiten der Partnerwahl: Sie kann, im Sinne des neurotischen Wiederholungszwangs, unbewusst einen gefühlskalten Mann als Partner suchen oder sie stürzt sich auf einen emotionalen Wonneproppen, wie Herbert einer war. Solange sie die Dramaturgie ihrer Kindheit und die Verwüstung ihrer Seele nicht begriffen und aufgearbeitet hat, wird sie in beiden Fällen scheitern. Denn ein Herbert kann ein Dutzendmal am Tag die Botschaft an sie adressieren „Ich liebe dich und ich bin für dich da", sie wird es nicht glauben können. Ungerührt wird sie ihren Seelenschlaf hinter der Dornröschenhecke fortsetzen.

Aus der *Mutterfalle* der totalen Okkupation und Verschlingung befreien sich manche Männer, wie wir früher sahen, überhaupt nicht oder nur, nachdem sie wie Blaubart unter ihren wechselnden Geliebten seelische Blutbäder angerichtet haben. Dieter, neunundfünfzig, Konditormeister, zeitlebens unverheiratet, hatte es sich sozusagen in seiner Mutterfalle häuslich eingerichtet. Er lebte, als ich ihn in einer meiner Therapiegruppen kennenlernte, seit rund sechzig Jahren immer noch als einziges Kind mit seiner erdrückend fürsorglichen Mutter zusammen.

Die Gruppe lachte, als er launig bekannte: „Meine Mutter kocht, putzt und wäscht für mich. Sie tut alles für mich. Abends nach der Arbeit sitze ich mit ihr zusammen vor dem Fernseher, bis wir schlafen gehen. Am Wochenende gehen wir eineinhalb Tage mit unserem Wohnmobil auf Achse. Sie ist quasi meine Ehefrau, nur ohne Sex. Ich kriege mehr Streicheleinheiten von ihr, als die meisten Männer von ihren Frauen."

Das war jedoch alles andere als zum Lachen. Dieter hatte nie die *Mutterablösung* gewagt. Er hatte auf die Chance, eine männliche Wolfsnatur zu entwickeln, für die gleichsam intrauterine Geborgenheit bei der Mutter verzichtet. Das Leben ist aber Aufbruch, Einsamkeit, Bindung, Entbindung und Neubindung. Dieter, das große Kind, blieb in seiner Entwicklung stehen. Ich gab ihm am Ende der Therapie Hermann Hesses Gedicht *Stufen* mit auf den Weg. In ihm heißt es: „Wir sollen heiter Raum um Raum durchschreiten/an keinem wie an einer Heimat hängen./Der Weltgeist will nicht fesseln uns und engen,/er will uns Stufe um Stufe heben, weiten …".

Das Gefühl der Partnerabhängigkeit, wie wir es bei der *narzisstischen Kollusion* von Monika, der Altenpflegerin, gegenüber ihrem Maler und Musiker Alexander kennen lernten, kann also tatsächlich aus einer Muttervergiftung resultieren. Bei einer so geprägten Tochter finden sich als erwachsener Frau dann negative Einstellsätze nach der Art „Ich weiß nicht, was ich will. Ich brauche Führung". Sie macht sich selbst hilflos und krallt sich den vermeintlich selbstsicheren Ehemann. Blind stilisiert sie ihn zum Helden und großen Leitwolf. Dabei übersieht sie zunächst geflissentlich, dass es sich vielleicht nur um einen James Bond im Westentaschenformat handelt mit ganz menschlichen Schwächen, Unvollkommenheiten und Qualitäten.

Frauen wie Monika haben das gleiche Muster oft bereits bei ihrer eigenen Mutter erlebt. Dem Ehemann gegenüber unterwürfig und entscheidungsschwach, jammerte diese gern und gerierte sich als schwache unselbstständige Frau. Vielleicht kam sie sogar in dieser Rolle gar nicht so schlecht durchs Leben, weil ihr der Ehemann tatsächlich alle Stolpersteine aus dem Weg räumte. Doch die Mutter von Monika versäumte es, die in ihr angelegten Talente für sich und ihre eigene Individuation zu nutzen. Sie wandte sich gewissermaßen vom möglichen Weg ihrer Persönlichkeitsentwicklung ab und ergab sich in eine bequeme Leidens- und Opferposition. Nun wiederholt die Tochter diese depressive Strategie.

Töchter haben aber auch die Chance, aus dem risikoarmen Leben ihrer Mutter zu lernen und „Abschied von der Opferrolle" (Verena Kast) zu nehmen. Vielleicht trotzen sie dann auch wie Monika ihrem Mann das „dritte Kind", und was es sonst an Wunscherfüllung geben mag, ab. Dann haben sie die Chance, im positiven Sinne der Bestsellerautorin Clarissa Estés, sich zu einer tatendurstigen „Wolfsfrau" zu entwickeln.

Die Schauspielerin Senta Berger befindet in einem Interview (SPIEGEL SPEZIAL, 4/2007) psychologisch stimmig: „Man muss realistisch denken und sich sagen, dein Mann kann nicht alles erfüllen. Ich glaube, man muss als erwachsener Mensch wissen, dass man allein ist. Ich sage das ganz ohne Schrecken. Es gehört auch zu einem Zusammenleben, dass man das weiß und akzeptiert. Und es gibt auch Einsamkeit in einem Zusammenleben. Man kann nicht erwarten, dass der andere dich immer ans Herz zieht und versteht und Verständnis hat für alles." Der Dichter Alfred Polgar findet dafür die schönen, klaren Worte: „In der Liebe ist es besser, nicht – wie die festliche erotische Formel lautet – eins zu werden, sondern zwei zu bleiben."

Die weibliche Aggressionshemmung „vererben" Mütter oft an ihre Töchter. Das führt dann zu Gefühlsstau und lähmenden Befindlichkeiten wie „Ich stehe unter Druck. Es zerreißt mich." Nicht selten wählen ausgerechnet solche aggressionsgehemmten Frauen wahre Wüteriche von Männern. Diese leben dann, in der unsichtbaren emotionalen Arbeitsteilung eines Paares, die nicht gelebte Konfliktfähigkeit der Frau stellvertretend aus.

Inge berichtete mir von so einer Mutter: „Sie spielte immer die Rolle der sanftmütigen, verständnisvollen Frau. Lächelnd verzieh sie ihrem Mann alles. ,Wir streiten uns nie', verkündete sie meinem Bruder und mir stolz. Sie war eine frigide Frau, geizig in ihren Gefühlen und wohl auch in der Sexualität. Sie verschwieg uns, dass unser Vater jahrelang ein Verhältnis mit seiner Sekretärin hatte. Alles sollte immer nur heile Welt sein. Mein Bruder rebellierte schließlich gegen diese Heuchelei und die Gefühlsunterdrückung. Dabei entwickelte er Durchsetzungskraft und Selbstbehauptung. Ich passte mich an, obwohl ich oft kochte vor Wut." Eine Strategie, die sich rächen sollte …

Inge berichtet weiter: „Genau das Gleiche passiert mir wieder heute in meiner Ehe mit Peter. Ich kriege den Mund nicht auf, wo es dringend notwendig ist. Dann setzt er sich durch. Peter hat keine Scheu vor Auseinandersetzungen und Streit, ja er kann richtig grob sein. Er übt Macht aus, und ich spiele die Ohnmächtige. Also gehöre ich mit zu unserem partnerschaftlichen Hütchenspiel. Ich betrüge ihn schließlich emotional, weil ich meine Wut, aber auch meine leidenschaftlichen Liebesgefühle nicht zeige. Er sagt oft: ‚Ich weiß nicht, was in dir vorgeht. Ich spüre nur, dass du dich gekränkt zurückziehst. Das macht mich noch wütender.‘"

In der Einzeltherapie bei einer bärenstarken Psychotherapeutin lernte Inge schließlich, konstruktive Aggression und Selbstbehauptung auszuagieren. Das sagt sich so salopp. In Wahrheit war es, wie sie mir abschließend offenbarte, ein ebenso tiefer wie befreiender Prozess. Sie durchlief die berühmten fünf Schritte der Therapie: *erinnern, beweinen, bewüten, begreifen, beenden.*

Hätte die „brave" Inge ihre Partnerwahl und ihre Beziehungsrolle mit dem „bösen", weil aggressiven Peter vermeiden können? Ich glaube nicht. Michael Mary bezeichnet (in: *Und die verstehen sich doch! 10 neue Lügen, die Liebe betreffend,* 2008) das *Unbewusste* als den eigentlichen „Täter" dieser Kollusion: „Wer sich verliebt, der macht die Erfahrung, dass ihm dies geschieht. In der Liebe spielt

75

das Unbewusste die Hauptrolle. Daher beschreiben Dichter die Liebe als Macht, die über den Menschen kommt, ihn unterwirft, ihn über seine Grenzen erhebt und damit befreit. Jemanden zu lieben ist keine Sache bewusster Entscheidung, sondern ein Vorgang, der dem Bewusstsein sozusagen vorgesetzt wird. Dem Bewusstsein bleibt dann nur übrig, das zur Kenntnis zu nehmen und dem zuzustimmen (oder es abzulehnen, was selten gelingt)."

Tatsächlich rationalisieren wir *nachträglich* unseren Willkürakt der Liebe. Mary: „Stimmt es (das Bewusstsein – M. J.) zu, sagt der Mensch, er habe sich dazu entschieden, zu lieben oder mit jemandem zu leben. Das mag so formuliert werden, aber es bedeutet keinesfalls, er hätte b e w u s s t entschieden. In Wahrheit hat das Unbewusste die Entscheidung getroffen, und der von seinen Emotionen und Sehnsüchten auf diese überwältigende Weise Betroffene wollte nicht dagegen angehen und wäre in den meisten Fällen auch gar nicht in der Lage dazu gewesen."

Später reiben wir uns an den Unwägbarkeiten unserer Partnerwahl. „Warum habe ich dich Depp nur geheiratet", schreien wir erbost im Zorn. Aber was bleibt uns übrig? Wer seinen Hund liebt, muss auch seine Flöhe ertragen.

Auch die mütterliche *Delegation* kann bei der Partnerwahl der Frau eine leidvolle Rolle spielen. Was heißt das? Barbara, fünfunddreißig, Mutter eines Kindes, kam zu mir in die Sprechstunde, weil sie an ihrer unerfüllten Ehe mit einem Zahnarzt litt. Dabei hatte sie die Heirat mit dem schneidigen Porschefahrer Friedbert mit allen Mitteln, sozusagen mit hoher krimineller Energie, betrieben. Sie wollte entweder einen Zahnarzt oder einen Humanmediziner. Andere Männer kamen für sie nicht in Frage. Sie kämpfte zu Wasser, zu Lande und in der Luft um ihren gesellschaftlichen Aufstieg. Das sollte ihr ein reicher Zahnarzt garantieren. Sie brach rücksichtslos wie eine Flutwelle in das Eheleben des fünfzehn Jahre älteren, reichen Zahnarztes Friedbert ein. Sie machte ihn, wie sie mir beichtete, „sexuell kirre". Sie vertrieb die alte, etwas hausbackene Ehefrau aus dem Nest.

Friedbert seinerseits rebellierte in dieser zweiten Partnerwahl gegen seine Arbeitereltern, die sich sein Studium mühsam abgespart und ihm in den Ohren gelegen hatten, eine „brave und vermögende" Frau zu heiraten, um rascher zu Geld zu kommen. Das war *seine* elterliche Delegation, sein Lebensauftrag: stellvertretend für die Eltern die soziale Klasse zu wechseln. Friedbert erwies sich, zu Barbaras Entsetzen, nach dem Abflauen der anfänglich romantischen Liebesverzückung rasch als ein Pedant, als zwanghafter Perfektionist, humorlos und autoritär. Barbara wiederum mutierte zum Luxusweibchen, interesselos und vorwiegend mit Shopping beschäftigt. Als dann noch die Sexualität und die Zärtlichkeit zwischen beiden versiegte und Barbara mit der gemeinsamen kleinen Tochter eine Koalition gegen Friedbert schmiedete, war der Ehefrieden dahin.

Barbara bedachte nunmehr ihren Lebensentwurf kritisch. Unter Tränen gestand sie mir: „Ich habe bis jetzt gar nicht mein Leben gelebt. Das ist vielmehr das Leben, das meine Mutter für mich gewünscht hat. Sie arbeitete zeitlebens als Verkäuferin für einen Hungerlohn. Mein Vater war Maurer und saisonal bedingt öfters arbeitslos. Wir waren drei Kinder. Es war wenig Geld im Haus. Meine Mutter litt darunter ganz besonders. Sie schaute immer gerne Filme an, in denen sich arme Mädchen einen reichen Mann angelten. Genau diesen Auftrag gab sie mir mit. ‚Das Wichtigste im Leben ist der Wohlstand‘, sagte sie zu mir, ‚die Liebe kommt dann von selbst‘. Sie glaubte tatsächlich daran und meinte es gut mit mir, aber sie hat mich auf das falsche Gleis gesetzt. Jetzt brauche ich eine neue Weichenstellung. Ich weiß noch gar nicht, wie.“

Barbara fand die richtige Weiche. Schließlich sind die mütterlichen und väterlichen Defizite dazu da, dass wir uns an ihnen den Blick schärfen und Alternativen entwickeln. Nichts wäre vermutlich schwerer, als „chemisch reine“ Eltern zu haben. Wir würden wohl an ihrem übermächtigen Vorbild verzweifeln. Das Leben entwickelt sich durch *trial and error, Versuch und Irrtum*. Dazu zählen, im Guten wie im Schweren, auch unsere Mütter und Väter.

Die Vaterfalle:
Dornröschen, Rapunzel,
Schneewittchen & Co.

*In Partnerschaften konstituieren Übertragung und
Gegenübertragung die Beziehung, um verborgene
Beziehungswünsche und -ängste abzuwehren und
um Leid, Schmerz, Wut, Enttäuschung, aber auch
Stolz, Freude oder Anerkennung auf den Partner zu
projizieren. Partnerschaften sind häufig ein Übertra-
gungsschlachtfeld und manchmal ein Übertragungs-
fest.*

Hans-Joachim Maaz
Die Liebesfalle.
Spielregeln für eine neue
Beziehungskultur

Ohne Übertragung keine Partnerschaft. Wolfgang
Hantel-Quitmann schildert (in *Der Geheimplan
der Liebe*) den Komplex der *Vaterübertragung* in
der Beziehung an einem klassischen Beispiel: „Einer Frau, die sich – bewusst oder unbewusst – durch
die Liebe ihres Lebens an den eigenen Vater erinnert fühlt ..., fühlt sich bei ihrem Mann wieder so
sicher und geborgen wie bei ihrem Vater damals, als
sie bei ihm auf den Schultern saß und von ihm durch
den Tierpark getragen wurde. Aber der Vater war
nicht nur stark und gütig, er hat auch phasenweise
zu viel getrunken, sein Geld in die Kneipe getragen

- VATERFALLE -

und, wenn er im Rausch war, seine Frau angebrüllt und erniedrigt. Er hat gar nicht so viel mit seiner Tochter gespielt, wie sie es heute gern erinnert, sondern ist oft einsam und allein seiner Wege gegangen, war in der Familie kaum präsent. Und dann sieht sie ihren Mann, wie er sich abends mit einer Flasche Cognac vor dem Fernsehen zurückzieht. Und sie will den Anfängen wehren und verhindern, dass er auch so wird wie ihr Vater, und nimmt ihm die Flasche Cognac weg und schüttet sie in den Ausguss."

Was passiert? Hantel-Quitmann: „Er fühlt sich bevormundet, hat den ganzen Tag gearbeitet und will sich abends mit einem Glas Cognac belohnen. Die Bevormundung durch seine Frau findet er unerträglich. Der anschließende Streit wird heftig und grundsätzlich, weil sie meint, den weiteren Fortgang der Geschichte zu kennen, und er sich in seiner Autonomie bedroht fühlt. Der Blick auf den Alkohol ist getrübt durch ihre negativen Erinnerungen an ihren trinkenden Vater, und daraus leitet sie ihr Recht, ja ihre Pflicht ab, solche ‚Alkoholexzesse' von Anfang an zu unterbinden, während er sich fragt, warum sie ihm nichts gönnt."

Sicher ist, die Rolle des Vaters ist für das Kind und das spätere Agieren des Erwachsenen in der Partnerwahl wie in der Gestaltung der Partnerschaft bedeutsam. Der Vater erfüllt zunächst die elementare Funktion, dem Kind zu helfen, sich aus der exklusiven, auf die Dauer einengenden Mutterbindung zu lösen und zu seinem selbstständigen Ich zu werden. Die Mutter steht für die Geborgenheit und den sicheren Hafen des Lebens, der Vater für die große Schifffahrt auf dem abenteuerlichen Weg des Erwachsenwerdens. Während die Mutter eher zu ambivalenten Botschaften neigt „Werde selbstständig und löse dich von uns – bleibe weiter mein süßes kleines Kind", ermutigen Väter im Allgemeinen das Kind in seinem Drang nach Expansion und schöpferischer Selbstentfaltung.

Das Kind spürt, es gibt auch ein Leben jenseits des mütterlichen Bannkreises. Die Trennung macht zwar Angst, aber sie lohnt sich. Das ursprüngliche Fluchtziel des Kindes ist immer die Mutter. Es ist bei fast allen Säugetieren der Fall. So klammert sich das Äffchen, wenn es sich fürchtet, an die Brust der Mutter. Das kann im experimentellen Extremfall sogar die Attrappe eines mit Stoff bespannten Drahtgestells sein. Angst schafft Bindung. Doch wenn die Angstbindung überwiegt und der väterliche „Held" als Vorbild nicht zur Verfügung steht, so besteht die Gefahr, dass das Kind auf die Dauer Kind bleibt und gleichsam in den mütterlichen Schoß zurückkehrt. Wir kennen diese kapitulative Regression aus dem Lied *Hänschen klein*, worin es heißt: „... Aber Mutter weinet sehr, hat jetzt gar kein Hänschen mehr. Doch das Kind sich besinnt, läuft nach Haus geschwind."

Welche vielfältigen Folgen eine problematische Vaterschaft auf das spätere Bindungsverhalten von Töchtern und Söhnen hat, enthüllen Volksmärchen und die Kunstmärchen, wenn man sie tiefenpsychologisch deutet. Ich habe das in einer Anzahl von Büchern unternommen (siehe Hinweise im Anhang). Natürlich enthalten viele dieser Märchen die dramatischen Folgen der Mutterfalle. Doch es gilt, noch ein weiteres gewaltiges emotionales Loch zu betrachten – den *abwesenden Vater*.

In dem Märchen *Das hässliche Entlein* entrüstet man sich als Leser, dass die Mutter ihr Sorgenkind im Stich lässt und die Geschwister auf dem unglücklichen kleinen Küken herumhacken. Das Fehlen eines Vaters übersieht man jedoch zunächst sehr leicht. Dabei macht dies das Drama des Entleins, das in Wahrheit ein männlicher Schwan ist, aus. Ohne die väterliche Ermutigung („Ich liebe dich. Ich bin stolz auf dich.") ist es in der Welt verloren. Es traut sich nichts zu. Es flüchtet unentwegt. Es sucht in der Hütte der Bäuerin, des Katers und des Huhns im klassischen neurotischen Wiederholungszwang wieder ein feindseliges Milieu auf. Es entwickelt Minderwertigkeitskomplexe. Um ein Haar erfriert es im vereisten See der Depression. Dabei ist es doch, wie es am Ende seiner dunklen Odyssee erkennt, ein stolzer schöner Schwan. Unser tierischer vaterloser Antiheld wagt es während seiner ganzen Entwicklungsgeschichte ebenso wenig, wie sein von Minderwertigkeitskomplexen zerrissener literarischer Schöpfer, sich einer weiblichen Partnerin zu nähern – bei Hans Christian Andersen vermuten wir heute eine ungelebte Homosexualität. Angst verleiht nicht nur Flügel, sie stutzt sie auch.

Einen *schweigenden Vater* erlebt auch das arme *Schneewittchen*. Schon ihre Mutter/Stiefmutter ist eine melancholische Frau, die am Anfang des Märchens einsam aus dem Fenster schaut und sich sehnlich ein Kind wünscht. Es soll in ihrem lieblosen Leben wohl als Partnerersatz fungieren – der König hat Wichtigeres zu tun, als sich um Frau und Kind zu kümmern. Er ist offensichtlich während des gesamten Mutter-Tochter-Dramas mit Regierungstätigkeiten beschäftigt.

Während die Mutter in ihrer erotischen Unerfülltheit zu einem wahren Drachen mutiert und in Rivalität zu ihrer jungen schönen Tochter gerät und diese alle Torturen des mütterlichen Narzissmus erdulden muss, hören wir vom Vater kein Wort. Er ist in seiner Abwesenheit ein Analphabet der Gefühle, der männliche Schweiger schlechthin. Es verwundert nicht, dass Schneewittchen als junge Frau passiv bleibt, sich mit merkwürdigen Zwergenmännern umgibt und schließlich in seelischer Katatonie im Glassarg liegt. Wunderschön, aber erkaltet und unberührbar. Es dauert lange, bis sie den vergifteten Apfelgrütz (mütterliche Eifersucht und väterliches Desinteresse) ausspucken kann und die Augen aufschlägt. Jetzt erst wird sie beziehungsfähig, und wir möchten ihr den schmucken Prinzen von Herzen gönnen.

Wie man sich mit einem *ängstlichen Vater* schwer tut, das Leben und einen passenden Partner zu wählen, das erlebt *Rapunzel*. Ihr Vater ist ein schwacher Mann: Weil seine Frau unbedingt Feldsalat (Rapunzel) aus dem verbotenen Garten essen will, muss er ihn stehlen. Als die Hexe, der der Garten gehört, ihn ertappt, willigt er völlig rückgratlos ein, ihr ein künftiges Kind, wenn es geschlechtsreif wird, mit Haut und Haaren zu übergeben.

Tatsächlich ist die Hexe, psychoanalytisch gedeutet, keine eigenständige Person. Wie in vielen Märchen finden wir auch hier die verschiedenen Tönungen eines Charakters in Gestalt mehrerer Figuren vor. Die Hexe repräsentiert in diesem Fall einen dunklen Seelenanteil von Rapunzels Mutter, ihren die Tochter „verhexenden" Schatten. Sie ist es in Wahrheit, die das willenlose Geschöpf in den Turm ihrer klammernden Bevormundung einsperrt und nicht ins Leben entlässt. Und von ihrem schwächelnden, konturlosen Vater kann die Tochter keine Hilfe erwarten. Der lebt ihr, im Gegenteil, ein katastrophales Beziehungsmodell von männlicher Unterwerfung und weiblicher Dominanz vor.

Wie schwer tut sich Rapunzel damit, ihr eigenes Leben in die Hand zu nehmen! Immerhin lässt sie sich, hinter dem Rücken der allmächtigen Mutter, mit dem Königssohn ein. Der allerdings ist ein noch reichlich unreifer Bengel. Erst als ihre verborgenen Rendezvous offenkundig werden und Rapunzel – in der älteren französischen Märchenfassung – schwanger von ihrer Mutter verstoßen wird, kann sie sich und den unglücklichen Liebhaber erlösen. Die rasende Mutter hat ihn vom Turm hinunter in die Dornenbüsche gestoßen, wo er sein Augenlicht verlor. Durch Rapunzels Trauer über ihr Liebesunglück, die besitzergreifende Mutter und den schwachen Vater erfahren beide Heilung. Ihre Tränen benetzen die erblindeten Augen des Königssohns und machen sie wieder sehend. Es wäre interessant zu erfahren, aus welcher Vaterfalle dieser schwache junge Mann entflohen ist. Hat Rapunzel sich etwa, wie ihre unselige Mutter, wieder einen schwachen Mann gewählt?

Eine andere Märchenheldin, *Dornröschen,* wird durch einen *gehemmten Vater* auf ihrem Weg der weiblichen Selbstfindung blockiert. Um es noch deutlicher zu sagen, es handelt sich um einen sexuell gehemmten Mann. Wie erinnerlich, hat die böse dreizehnte Fee einen Bannfluch gegen das süße kleine Röschen geschleudert, es werde an seinem fünfzehnten Geburtstag sich an einer Spindel stechen und tot umfallen. Die zwölfte gute Fee, die mit ihren Segenswünschen noch nicht an der Reihe war, kann den Zauberbann zwar nicht völlig lösen, ihn aber abschwächen. Es werde, so wunschzaubert sie, nicht sterben, aber durch den Spindelstich in einen hundertjährigen Schlaf fallen. Was macht unser König?

Er tut wohl das Einfältigste, das man in dieser Situation machen kann. Er lässt alle Spindeln im Reich verbieten und zerstören. Der Leser des Märchens ahnt es schon, jetzt kommt das Unheil erst recht ...

Tiefenpsychologisch wird das ganze Szenario in dem Augenblick abgründig, wenn man in ihm das Drama der Sexualität erkennt. Bekanntlich bricht die Sexualität wie eine Sturmflut über pubertierende Jugendliche herein. Sie zerstört die Kindheit ein für allemal, schafft unerhörte Aufregungen, Freuden und Verunsicherungen. Fügt man hinzu, dass die Spindel, das „hüpfende, lustige Ding", symbolisch den Penis darstellt, so weiß man, was unser Röschen im diskreten Turmzimmer im fünfzehnten Lebensjahr, dem Zeitpunkt der vollendeten Geschlechtsreife, erwartet.

Ohne Lust kein Leben. Der König selbst hat es nicht geschafft, seine Frau zu schwängern. Erst die Intervention eines schlüpfrigen, sich aufblähenden Frosches, dieses unverkennbaren Symbols „schmutziger" Sexualität, im Badezimmer (!) der Königin hat ihr zu einem Kind verholfen. Doch statt seine Tochter nun aufzuklären, versucht der König, wie viele Väter, die bedrohliche Welt der Sexualität in Form von allen Spindeln/Männern von ihr fern zu halten.

Natürlich kommt das behütete und tausendfach gesicherte Röschen nicht an der Sexualität vorbei.

Es wäre Aufgabe ihres Vaters, ihr eine gute, liebevolle Männlichkeit vorzuleben und ein vorbildliches Modell zu sein, an dem sie spätere Bewerber messen kann. Wenn er einen im besten Sinne männlichen Beziehungspartner ihrer Mutter gegenüber lebt, so wird sich die Tochter höchstwahrscheinlich einen ähnlich guten Kandidaten für sich selbst ersehnen und nicht auf den erstbesten Blender hereinfallen.

In Platons *Gastmahl* lesen wir: „Unter den seligen Göttern allein ist Eros, wenn das zu sagen erlaubt und nicht zu vermessen ist, der Seligste, er, der Schönste und Beste." Durch den *gehemmten Vater* selbst gehemmt, wird unser Röschen ein Dornröschen hinter der Abwehr ihrer stacheligen Hecke. Sie fällt in einen langen Seelenschlaf der erotischen Furcht und Unerwecktheit. Doch das Leben siegt. Dornröschen entwickelt zu guter Letzt starke männliche Kräfte in sich und schlägt sich mit diesem *animus,* in Gestalt des Prinzen, durch die hemmenden Dornen. Sie küsst sich selbst zum lustvollen Frausein frei.

Eine teuflische Vaterfalle für die Tochter errichtet der *missbrauchende Vater*. Ich vermochte das epidemische Ausmaß dieser Vaterwunde früher nicht zu erkennen. Die Arbeit mit einigen von ihren Vätern sexuell missbrauchten Frauen hat mich eines schlechteren belehrt. Im Frühjahr 2008 enthüllte der Fall Fritzl im österreichischen Amstetten in unfassbarer

Weise die seelischen Abgründe eines Inzestes. Der väterliche Vergewaltiger hielt die Tochter zwanzig Jahre im Keller seines Hauses gefangen und machte ihr in dieser Leidenszeit sieben Kinder. Der schwer gestörte Mann führte, unbemerkt von seiner Umwelt, ein im Wortsinn unterirdisches Doppelleben.

Im Märchen *Allerleirauh* ist es ein Königsvater, der von seiner Tochter nicht lassen kann. Hier will er sie allerdings nicht beschützen, sondern sie zu seiner Frau machen. Im Märchen heißt es, die Mutter sei gestorben. Die Symbolik ihres Todes steht jedoch psychologisch vielmehr für ihre emotionale Abwesenheit, als es seelisch um Leben und Tod ihrer Tochter geht.

Hat die Mutter vom sexuellen Missbrauch wirklich nichts gewusst? Oder war es ihr auf einer unbewussten Ebene gar nicht so unrecht? Hat sie die Tochter geopfert, um sich den Mann vom Leibe zu halten? Warum hat sie den Vater nicht zur Rede gestellt, ihn angezeigt, ihn verlassen? Hat sie die Tochter vielleicht eine Lügnerin genannt, weil sie sich das Trugbild ihres „guten" Ehemannes erhalten wollte? Hat sie gesagt, „Du bist selbst schuld, warum hast du dich so aufreizend angezogen mit deinen Highheels und deinem sündhaft kurzen Mini?" Hatte sie Angst, die Familie bricht auseinander und der männliche Ernährer fällt aus? Für das Wegsehen gibt es teils erschütternd triviale Gründe. Wenn ein Mädchen im Missbrauch aus Einsamkeit und Schutzlosigkeit

schweigt, sich seelisch abschnürt oder in eine Ess-
störung flüchtet, liegt nicht selten auch eine Mütter-
lichkeitsstörung vor.

Die junge Frau *Allerleirauh* tut alles, um den Vater
von seinem bösen Vorhaben abzubringen. Aber es
nützt nichts. Sie muss flüchten, und sie flüchtet in
den Wald. Das ist der symbolische Ort des Ausge-
setztseins, der Fremde, aber auch des schützenden
Verborgenseins. Im Märchen verdichtet sich das
Symbol noch. Allerleirauh findet Schutz in einer
Baumhöhle. Der Baum ist in vielen Mythologien der
Sitz weiblicher Schutzgöttinnen. Allerleirauh versteckt sich in einem Mantel von Tierfellen, das heißt
sie lebt nicht wirklich, sondern vegetiert wie ein
Tier. Auch das Gesicht schwärzt sie sich, um ihre
weibliche Schönheit, die ihr zum Verhängnis wurde,
zu verdecken. Wie ein scheues Reh flüchtet sie vor
den Menschen. Als ein jagender König sie mit seiner
Meute von Hunden aufspürt, sperrt sie sich gegen
die Begegnung. Sie traut der Liebe nicht. Ihr Männerbild ist erschüttert.

Genau das erlebt jede Psychotherapeutin und jeder
Psychotherapeut in der Seelenarbeit mit sexuell
missbrauchten Frauen: Sie haben Schwierigkeiten
mit Öffnung und Hingabe. Sie sind emotional ver-
barrikadiert, verhärtet und zugleich voll unermess-
licher Sehnsucht nach Liebe. Der erste Mann in
ihrem Leben, der Vater, hat ihr Seelenleben schwer
beschädigt. Sie sind oft jahrelang im Kern ihres We-

sens beziehungsunfähig. Ihre Männer spüren das und sind ratlos. Not- und Hilflosigkeit sind auf beiden Seiten des Paares groß.

Allerleirauh und alle sexuell missbrauchten Frauen dieser Erde sind Überlebende. Sie nennen sich selbst stolz *Survivors*. An ihnen beweist sich am nachdrücklichsten die Tatsache, dass die meisten kindlichen Traumatisierungen überwunden werden können. Das setzt allerdings viel Ehrlichkeit, Tapferkeit, Zähigkeit und die Bereitschaft, sich Hilfe zu holen, voraus. Ein so früh gekränktes Herz erholt sich schwer.

Aber auch ein *anbetender Vater* kann für seine Tochter und spätere Partnerwahl schädlich sein. Im *Froschkönig* ist der Königsvater in die jüngste Tochter geradezu vernarrt. Sie ist die Schönste von allen. Er hütet sie wie einen Augapfel. Er selbst hat keine Frau mehr. Sie ist wohl gestorben, oder ist sie psychisch abwesend? Die Tochter sonnt sich in seinem Glanz. Sie ist eine First Lady. Dann wird sie, wie es altmodisch heißt, mannbar. Eine Unruhe ergreift sie. Sie sitzt am Brunnen im tiefen Wald und spielt einsam mit ihrem goldenen Ball. Er symbolisiert wohl die abgeschlossene Lebensganzheit ihrer Kindheit, aber auch die strahlenden Verheißungen einer geheimnisvollen Zukunft.

Wie es denn nun kommen muss, rollt der Ball in den Brunnen. Die Königstochter weint bitterlich; nicht über den Ball, er wäre ersetzbar. Sie trauert, dass ihre Kindheit vorbei ist und das unabwendbare Erwachsensein vor ihr liegt. Sie befindet sich gleichsam im Niemandsland. Sie ist als Halbwüchsige nicht Fisch noch Fleisch. An dieser Stelle erscheint, wie die Dramaturgie der Lebensentwicklung es verlangt, der Frosch-Mann. Er holt ihr den Ball zurück, aber er stellt seine Bedingungen. Er will ihr Geselle und Spielkamerad sein, von ihrem Tellerlein essen, aus ihrem Becherlein trinken, in ihrem Bettlein schlafen. Ohne lang nachzudenken, sagt ihm die Königstochter alles zu. Sie erhält den goldenen Ball, aber nicht ihr Kindsein zurück.

Was jetzt kommt, enthüllt geradezu symmetrisch die *Vaterfalle,* in der die Prinzessin und der Froschmann stecken. Die Prinzessin ist ein zickiges Mädchen, das bei jedem Konflikt in Tränen ausbricht und zu ihrem Vater flüchtet. Sie ist reich, verwöhnt, aber auch aggressionsgehemmt und lebensuntüchtig. Wie soll man Aggressionen lernen, wenn man der einzigen Bezugsperson, dem Vater, gegenüber kindliche „Vergnügtheitspflicht" (Martin Walser) praktizieren muss und zum Dauerlächeln verdammt ist. Wie kann sich das konfliktunfähige Prinzesschen in der darauf folgenden Beziehung gegenüber dem depressiven Frosch-Mann, der sie erpresserisch in Besitz nimmt („Ich sage es deinem Vater") und gleichsam in die Zweisamkeit einbetoniert, zur Wehr setzen?

Sie tut es hilflos in Form einer *passiven Aggression*. Sie setzt den Frosch-Mann angewidert mit spitzen Fingern in die äußerste Ecke ihres Schlafzimmers, das heißt sie entzieht sich ihm gefühlsmäßig und weist ihn sexuell zurück. In Wahrheit ist sie natürlich in den größten Mann ihres Universums verliebt, den Vater. Umgekehrt hat der omnipotente Sonnenkönig die angebetete Tochter in ihrer Wahl des unattraktiven Frosch-Mannes verdächtig rasch bestärkt. Das ist kein Wunder: Der Frosch stellt für ihn keine ernsthafte Konkurrenz dar, und so bleibt er der wichtigste Mann im Herzen seiner Tochter. Er kann seine Eifersucht verdecken und beherrschen, denn Eifersucht ist die Angst vor dem Vergleich.

Der Frosch-Mann seinerseits hat, wie wir am Ende des Märchens erfahren, offensichtlich früh seinen Vater verloren. Er verfügt über wenig Männlichkeit und umso mehr depressive Weichheit. Überdies hat ihn wohl seine Mutter, aus welchen Gründen auch immer, zum defensiven Frosch-Mann verhext. Weil er sich so minderwertig fühlt, hat er sich auf das Helfen verlegt. („Ich bin, weil ich helfe"). Mit der schönen, aber unreifen Prinzessin bandelt er denn auch über die trügerische Brücke seiner Helferleistung an. Da er sich selbst nicht für attraktiv und fähig genug hält, die Prinzessin offenen Herzens zu erobern, verfolgt er die Angebetete mit erpresserischen Mitteln und umso dringlicheren, erstickenden Nähewünschen. Auch er ist, wie der Königsvater, eifersüchtig. Er offenbart seine Qualen nur unverhüllter. Krankhafte Eifersucht korrespondiert immer mit einem labilen Ego. So dümpelt dann diese verhängnisvolle Affäre zwischen der Eisprinzessin und ihrem Hampelmann vor sich hin.

Die Beziehung erfährt von dem Moment an eine Wandlung, als die Prinzessin endlich konstruktiv aggressiv wird, den Konflikt wagt und den Frosch an die Wand wirft. Sie protestiert, sie rebelliert, sie fordert ihn heraus. In diesem Augenblick wird sie zur streitbaren Frau und er zum satisfaktionsfähigen Mann im Duell der Geschlechter. Mit dem Aufprall an der Wand, dem großen, nicht mehr zu umgehenden Beziehungskrach, wird er zum gleichwertigen Gegenüber, zum Prinzen, zum Mann. Er jammert nicht mehr, sondern nimmt ihre Wut ernst („Wenn du mich weiter erpresst, lasse ich mich scheiden.") Er wird selbstbewusst, sucht sich Freunde und hängt nicht länger an der Droge Frau wie der Junkie an der Nadel. Er hat seinen *abwesenden Vater,* sie ihren *anbetenden Vater* aus dem Ehebett geschmissen.

Natürlich bringen auch Männer die Fallstricke ihrer schwierigen Vaterbeziehung in die Ehe (oder die homosexuelle Partnerschaft). Es ist kein Geheimnis, dass die meisten Männer unter der mangelnden Gefühlshaftigkeit ihrer Väter leiden. Das ist sehr oft die Wurzel ihrer tiefen *Homophobie,* also der Angst vor – und der verdrängten Sehnsucht nach – dem anderen Mann. Einer Umfrage zufolge haben von zehn deutschen Männern über vierzig Jahren neun keinen Freund, aber neun von zehn Frauen im gleichen Alter haben eine beste Freundin.

Wie ein *abwertender Vater* seinen Sohn mit emotionalen Bleigewichten fürs spätere Partnerverhalten beschweren kann, zeigt das wenig bekannte, aber um so erschütterndere Grimmsche Märchen *Hans mein Igel*. Da ist ein Bauernehepaar, reich, aber lieblos. Sie bekommen lange Zeit kein Kind. Der Vater ist in seiner sexuellen Ehre gekränkt, weil ihn die Bauern des Dorfes verspotten. Da flucht er vor seiner Frau: „Ich will ein Kind, und sollt es ein Igel sein!" Das Kind wird also nicht um seiner selbst willen ins Leben gerufen, sondern um die Delegation seines Vaters, den Potenzbeweis, zu erfüllen. Das ist eine stachelige Angelegenheit, und so wird das Kind denn auch „oben wie ein Junge, unten wie ein Igel" geboren. Natürlich handelt es sich, psychologisch gesehen, nicht um eine körperliche Behinderung, sondern um die seelischen Stacheln eines ungeliebten Kindes. Es spiegelt die Stacheligkeit der Eltern wider.

Hans mein Igel wird denn auch vernachlässigt und acht Jahre auf eine Strohschütte hinter den Ofen gelegt. Er vereinsamt seelisch. Der Vater ist ein Eisklotz, die Mutter eine liebesunfähige Depressive, die bald von der Bildfläche verschwindet. Hans mein Igel muss wie alle Märchenhelden hinaus in die Welt, um seine Erfahrungen zu machen und sich zu erlösen. Der Vater wünscht ihm zum Abschied, dass „er nur stürbe" – welch eine grauenvolle Mitgift! Er wertet Hans mein Igel, um das schauerliche Nazi-wort zu gebrauchen, als „lebensunwert" ab.

Lange Zeit kann Hans mein Igel sich selbst nicht lieben. Als er im tiefen Wald einem verirrten König den Weg zeigt und sich als Belohnung das ausbedingt, was diesem zu Hause als Erstes begegnen werde, ist es dessen Tochter. Hans holt sie sich, aber er kann mit der Liebe nichts anfangen. Auf Grund seiner Vaterwunde liebt er sich selbst nicht, auf Grund seiner Mutterentbehrung hasst er alle Frauen als potenzielle Verräterinnen. Zugleich begehrt er sie.

Was tut er? Er lädt die Königstochter, die sich bräutlich weiß angezogen hat und reiche Mitgift mit sich führt, in die Kutsche ein, fährt mit ihr ein Stück Wegs von der Stadt – und reißt ihr die Kleider herunter. Dann sticht er die wehrlose Nackte mit seinen messerscharfen Stacheln, „bis sie ganz blutig wird". Er jagt sie nach Hause, „dass sie beschimpft ist ihr Lebtag". Es ist eine im Märchen verschlüsselte Vergewaltigung.

Wer abgewertet wurde, wertet selbst ab. Hans ist eine tickende Zeitbombe für alle Frauen, denen er begegnet. Das Amalgam aus *Vaterhass* und *Mutterentbehrung* vergiftet seine Bindungsfähigkeit gegenüber Frauen und Männern. Wie er sich daraus löst und schließlich den Befreiungsschlag aus den höllischen Abgründen seiner Persönlichkeit riskiert, habe ich an anderer Stelle in meinem Buch *Lebens-*

Nachmittag (emu-Verlag) dargestellt. Es ist eine spannende, schmerzensreiche, aber auch versöhnliche Geschichte voller Überraschungen.

Einen *idealisierenden Vater* erlebte Frank, Schauspieler, zweiundvierzig, der mir in einer Gruppentherapie begegnete. Das ist eher eine schnurrige Geschichte, nicht eigentlich tragisch. Frank hatte fünfzehn Jahre lang immer nur einer Frau, der „göttlichen Evelyn", nachgejagt. Sie entzog sich ihm immer wieder, war in andere Männer verliebt, ging ins Ausland und tändelte herum. Sie heiratete schließlich einen Verlegenheitskandidaten, von dem sie sogar ein Kind bekam. Dann ließ sie sich wieder scheiden, knüpfte eine lesbische Beziehung an, trennte sich wieder und schwor, bis auf weiteres Single zu bleiben. Eigentlich verhielt sie sich, von der Warte des verliebten Mannes aus gesehen, wie eine Schreckschraube, ein Beziehungsmonster.

Frank ließ nicht nach. Je mehr sie ihn abwies, desto hartnäckiger bedrängte er sie mit seinen Liebesofferten. Frank sah gut aus, hatte eine poetische Ader und umfassende musische Interessen. Als mittlerweile erfolgreicher Schauspieler in Fernsehproduktionen und gefragter Synchronsprecher konnte er ihr auch finanziell einiges bieten. Evelyn, von so viel neufundländerhafter Anhänglichkeit und sphärischer Leidenschaft beeindruckt, gab Frank am Ende ihr Jawort, zwar nicht zu einer Ehe, aber zu einem sturmfesten und wasserdichten Konkubinat.

Frank grübelte: „Ich bin ja so glücklich. Aber in all diesen Jahren habe ich außer zahlreichen One-night-Stands erotisch nicht richtig gelebt. Ich habe verdammt viel in meine Liebe zu Evelyn investiert. Wir sind jetzt drei Jahre zusammen. Inzwischen streiten wir auch häufiger. Evelyn hat einen sagenhaften Dickkopf. Dann frage ich mich manchmal, hat sich mein langer Liebesfeldzug wirklich gelohnt? Von meinen Zweifeln darf Evelyn nichts wissen. Sie ist doch meine Prinzessin."

Wie kam es zu dieser Form des neoromantischen Liebeswahns? Wir sprachen schon vom Funktionswandel der heutigen Liebe zum Religionsersatz des metaphysisch obdachlosen Menschen. Das spielte bei dem Agnostiker und Großstadtmenschen Frank sicher eine Rolle. Aber entscheidend war das Vorbild seines Vaters, der eine ebenso idealisierende Liebe gelebt hatte.

Frank berichtete: „Mein Vater war ein unheilbarer Romantiker. Er betete meine Mutter an, überschüttete sie mit Rosen und Orchideen und komponierte Klavierstücke für sie. Er nannte sie immer nur ‚mein Engel'. Er hatte lange um sie geworben und sie aus einer schlimmen Beziehung befreit. Vater, überlegen und gebildet, wie er war, hatte sie nach Art Pygmalions zu seiner ‚Idealgestalt' geformt, ihr Sprachen und Bildung beigebracht. Für meine Mutter überwand er alle Hindernisse. Mir sagte er: ‚Mein Junge, Frauen sind Prinzessinnen, man muss sie erobern, man darf sie nie enttäuschen. Man muss alles für sie tun. Eine Frau zu gewinnen, heißt wie ein Ritter die Prinzessin zu suchen und ein Leben lang anzubeten.' So bin ich denn wohl auch so ein Ritter von der traurigen Gestalt und ein Don Quichotte des Liebeswahns geworden. Allerdings ist Evelyn eine Schönheit und nicht wie Don Quichottes Dulcinea eine hässliche Magd mit schielenden Augen."

Es darf gelacht werden. Ich erzählte dem witzigen und selbstkritischen Frank eine Anekdote, die ich liebe. Um von der Größe und Reinheit der Liebe zu berichten, trägt ein Missionar beim Besuch eines Indianerstammes ein europäisches Märchen vor. In ihm geht es um den hindernisreichen Kampf eines edlen Königssohnes um eine angebetete Schöne. Der Weg führt ihn über Stock und Stein, rund um den Erdball. Er erschlägt Drachen, überlistet Hexen, fliegt auf dem Rücken von Schwänen und muss drei als unlösbar geltende Rätsel lösen. Abgemagert und mit Blessuren am ganzen Körper erreicht er, um Jahre gealtert, schließlich und endlich Braut und Ehebett. Der Missionar hat seinen Vortrag beendet, im Raum herrscht Stille. Da erhebt sich ein alter Indianer. Er schüttelt den Kopf und fragt den Missionar bedächtig: „Warum hat der Prinz nicht einfach eine andere Frau genommen?"

Der Vaterfalle steht der *Vatersegen* gegenüber. Einen guten Vater im Rücken zu haben, verleiht den

Töchtern ein gutes Männerbild, den Söhnen den Mut zur Frau. Ein russisches Sprichwort sagt es herzhaft: „Eines Vaters Segen kann nicht im Wasser ertränkt, noch im Feuer verbrannt werden."

Die Geschwisterkonstellation: Auf der Suche nach der verlorenen Zeit

Bei einer glücklichen Vater- oder Brudererfahrung pflegt das Suchbild der Frau Züge von Vater oder Bruder zu tragen, das Suchbild des Mannes Züge von Mutter oder Schwester. Entsprechend pflegen Mann und Frau bei enttäuschenden Mutter- und Schwester- oder Vater- und Brudererfahrungen Partner zu suchen, die möglichst wenig an die frühen Partner erinnern, vielmehr eher sogar einen Gegentypus darstellen. So wirken unsere Früherfahrungen am anderen Geschlecht meist unbewusst in unsere späteren Partnerbeziehungen hinein.

Fritz Riemann
Die Fähigkeit zu lieben (1982)

Die Vergangenheitsbewältigung, das heißt die Versöhnung der Frau und des Mannes mit den Eltern ist, wie wir sahen, unabdingbar, wenn die aktuelle Beziehung realistisch und ohne neurotischen Makel sein soll. Hans Jellouschek beschreibt in seinem Buch *Liebe auf Dauer. Die Kunst, ein Paar zu bleiben* (2004) die Folgen der verdrängten Vergangenheit für Mann und Frau. Die beiden bleiben im unsichtbaren „Museum der Verletzungen" eingeschlossen wie Fliegen hinter Glas. Jellouschek: „Der Mann, der noch als Erwachsener und Partner seiner Frau im inneren – und manchmal auch äußeren –

101

ALPHATIERE
UND IHRE JÜNGEREN GESCHWISTER

Hader mit seiner Mutter lebt, ist nicht wirklich frei für die Liebe zu seiner Frau. In seiner Mutter ist er zum ersten Mal dem Weiblichen begegnet, und so ist seine tiefste Einstellung gegenüber dem Weiblichen überhaupt entstanden. Wenn er seine Mutter ablehnt, lehnt er in der Tiefe seiner Seele das Weibliche überhaupt ab. Die Frau, die er dann – als das Gegenstück zur Mutter – wählt, hat damit eine schwere Hypothek … Seine Probleme, die er mit seiner Mutter hat, projiziert er auf sie und reagiert seine diesbezüglichen Gefühle an ihr ab. Das erbost sie zu recht, und das kann zur ernsthaften Gefährdung der Beziehung werden."

War die Mutter beispielsweise schmallippig und zurechtweisend, so brüllt unser Mann seine Frau bei der geringsten Kritik („Du solltest deine schlammigen Gummistiefel im Flur ausziehen und nicht damit durch das Wohnzimmer latschen") hemmungslos an. Er verbittet sich die „Schurigelei", so dass sie die Welt nicht mehr versteht und es ihr die Stimme verschlägt. Was hat ihr Mann nur? Sie hat es doch nur gut gemeint! Noch schlimmer wird es, wenn er die Fassungslose angiftet: „Du bist wie meine Mutter!"

Jellouschek führt aus: „Ähnlich ist es bei der Frau: Wenn sie innerlich ihren Vater ablehnt, wählt sie oft einen Mann, der als das gerade Gegenteil zu diesem erscheint. War der Vater zum Beispiel hart, aufbrausend und jähzornig, wählt sie einen sanften, zurückhaltenden weichen Partner ... Das Problem ist nur: Die Weichheit und Sanftheit ihres Mannes hat auch Schattenseiten, die sich im Laufe der Zeit zeigen und ihr mächtig auf die Nerven zu gehen beginnen. Er geht zum Beispiel nicht hin, wenn der Hausbesitzer unverschämt wird, und sagt auch nicht den Kindern, wo's lang geht ... Sie beginnt, ihren Mann zu kritisieren und immer stärker abzuwerten. Vielleicht führt das dazu, dass dem sanften Mann eines Tages der Kragen platzt, dass er auf den Tisch haut und furchtbar losbrüllt. Damit aber nimmt er nun fatalerweise genau jene Züge an, die sie an ihrem Vater geängstigt haben und weshalb sie ihn abgelehnt hat. Der Mann kann es ihr also immer weniger recht machen."

So weit die problematische Vater- oder Mutterkollusion. Was in der Tiefenpsychologie viele Jahrzehnte lang nicht gesehen und vernachlässigt wurde, ist die Bedeutung der Geschwisterbeziehung für unsere Ichwerdung. Dabei wirkt die unverarbeitete Geschwisterbeziehung tief in die Paarfindung und Paargestaltung hinein. Ich frage in der Paarsitzung häufig, ob die Frau, ob der Mann Geschwister hatten, ob sie älteste, mittlere oder jüngste Kinder waren. Ich will wissen, welche Rolle ihnen diese Geschwisterkonstellation eingetragen hat. Ob sie sich vorstellen können, dass ihre Position und ihr Geschlecht innerhalb der Geschwisterreihe Einfluss auf das Regieskript ihres heutigen Eheszenarios hat.

Es ist dann meistens so, als ob ich ein Fass geöffnet hätte, so viel Erinnerungen und Aha-Erlebnisse sprudeln plötzlich aus der Frau und dem Mann, die da vor mir sitzen, heraus. Voller Eifer begeben sie sich auf die Suche nach der verlorenen Zeit ihrer kindlichen Prägungen und fördern verblüffende Erkenntnisse ans Tageslicht: „Ja, als Ältester habe ich damals schon wie heute eine Führungsrolle übernommen." „Ich war der Jüngste und konnte mir gegenüber den älteren Geschwistern keine Aggressionen leisten. So verlegte ich mich bis heute aufs diplomatische Taktieren." Oder: „Ich war ja ‚nur' ein Mädchen. Das ließen mich meine Brüder spüren. Ich fühle mich noch heute in der Ehe zweitrangig." Oder umgekehrt: „Ich wurde als einziges Mädchen und Nesthäkchen von meinen Brüdern wie Prinzesschen Lillifee bewundert und auf Händen getragen. Ich dürste noch heute nach Bewunderung und Rücksichtnahme. Das macht mich manchmal zickig. Mein Mann nennt mich die ‚Prinzessin auf der Erbse'. Ich glaube, ich bin auf meinem Schwesterthron ein bisschen anstrengend für ihn."

Ich selbst habe in meiner ersten Ehe als – verträumter Jüngster von fünf Kindern – eine Frau geheiratet, die als Älteste die Tüchtigkeit eines Alphatiers erwerben musste und ihre beiden jüngeren Brüder wie Reitpferde dirigierte. Der Konflikt war programmiert: Ich rieb mich an ihrer Dominanz, sie sich an meiner Konfliktscheuheit. Unsere Ehe hielt das letztlich nicht aus.

Das ist natürlich nur der negative Aspekt. Tatsächlich hat die Geschwisterkonstellation unermesslich viele positive wie negative Seiten. Ich will mich hier auf einige Fallvignetten beschränken, die nur einen winzigen Ausschnitt aus dem Reichtum von Geschwisterbeziehungen spiegeln. Du, liebe Leserin, lieber Leser, magst aus ihnen unschwer dein eigenes Geschwisterpsychogramm und seine Auswirkungen auf dein Beziehungsverhalten erschließen. Vielleicht fragst du auch einmal deinen Partner, ob und wie er eine *Geschwistermitgift* oder einen *Geschwisterschatten* an dir wahrnimmt. Wie sagte einmal erbittert eine Frau zu ihrem verdutzten Mann in meiner Praxis: „Du bist ja so ein sturer und überheblicher Kerl. Ich habe volles Verständnis dafür, dass dich deine Schwestern so oft verprügelt haben!"

Karola, zweiundvierzig, Sozialarbeiterin, war das jüngste von vier Kindern gewesen. Eine besonders spannungsvolle Beziehung verband sie mit ihrem ältesten Bruder. Spannungsvoll, weil sie den sechs Jahre Älteren bewunderte und zugleich darunter litt, dass er sie so wenig beachtete. Er wollte lieber mit seinen beiden Brüdern Fußballspielen gehen. Gleichzeitig genoss Karola aber auch seine Energie, Souveränität und Überlegenheit. Bei ihrer späteren Partnerwahl stieß Karola „zufällig" auf einen ältesten Bruder. Gerhard, das Alphatier, hatte sogar fünf Geschwister „unter" sich. Karola war hell begeistert: „Gerhard erinnerte mich vom ersten Augenblick an meinen ältesten Bruder. Auch Gerhard war so führungsstark, stämmig wie eine deutsche Eiche und als bekannter Notar mir beruflich und bildungsmäßig überlegen."

Unbewusst projizierte Karola jedoch im Laufe der Jahre auch ihre brüderliche Hassliebe auf ihn. Sie beschuldigte ihn, dass er sie nicht genügend beachte und gering schätze. Gerhard verstand das Wesen dieser Anschuldigung nicht. Er war treu und bienenfleißig. Er widmete seine Zeit dem Notariat und dem Bau eines Hauses. Er gönnte sich ja selbst nicht viel Zeit für sich. Es wurde ein kollusiver Teufelskreis: Je mehr Gerhard arbeitete, desto mehr schimpfte Karola. Je mehr sie zeterte, desto mehr flüchtete er in die Arbeit. Der Wurm der brüderlichen Abwertung fraß in Karolas Herz, bis die Ehe zerbrach. Karola: „Mein Verhalten war der größte Fehler meines Lebens. Sicher war Gerhard ein nüchterner und wenig gefühlshafter Mann, ein Jurist eben. Aber er liebte mich auf seine verlässliche Weise. Ich habe ihn aus der Ehe geschimpft, statt mich mit meiner verkorksten Bruderbeziehung auseinanderzusetzen."

Da heiraten sich zwei Jüngste wie Lothar, einundfünfzig, leitender Angestellter, und Marianne, siebenundvierzig, Anästhesistin. Beide hatten es nicht leicht, sich unter älteren Geschwistern zu behaupten. Beide wurden sie ein wenig als „Dummchen" belächelt. Beide resignierten nicht, sondern kompensierten ihre Underdogposition durch einen enormen Aufstiegswillen. Genau das erwies sich auch als der geheime Treibstoff bei ihrer kongenialen Partnerwahl. Lothar: „Wir lernten uns im Studium kennen. Wir waren beide vom Elternhaus her wenig selbstbewusst. Dafür waren wir, im Gegenzug, mächtig ehrgeizig. Wir wollten es wohl unbewusst den älteren Geschwistern zeigen, was in uns steckte. Wir haben uns im Studium unterstützt, wo es nur ging, erfolgreich unsere Examina bestanden, ich promovierte in Volkswirtschaft, sie in Medizin. Da wir von unseren Eltern unterstützt wurden, konnten wir, trotz unserer beiden Kinder, jeder eine schöne berufliche Karriere verwirklichen und sind dankbar dafür."

Aus der Notgemeinschaft der beiden Jüngsten wurde ein Erfolgsteam. Der Widerstand im Geschwisterkampf härtete sie. Wie ja überhaupt die Rivalität unter Geschwistern ein nicht zu unterschätzender positiver Stimulus für die erfolgreiche Lebensbewältigung sein kann. Ich selbst habe in meiner zweiten Ehe als Jüngster diesmal eine Jüngste geheiratet. Lache nicht, liebe Leserin, lieber Leser: Wir sind beide stolz, dass wir „Kleinen" es geschafft haben.

Das Geheimnis der Partnerwahl kann durch das Aufeinanderprallen einer extremen Geschwisterkonstellation auch tragische Züge entwickeln. Das ist mir in der Paartherapie mit Bruno und Ella deutlich geworden. Sie waren beide als Älteste die Familienstars gewesen. Bruno, vierundfünfzig, Fabrikant, war von Anfang an als Erbe des mittelständischen Familienunternehmens vorgesehen. Er war ein wacher Junge von hoher technischer Geschicklichkeit, Einfallsreichtum und Durchsetzungsvermögen. Er absolvierte mit leichter Hand das Realgymnasium und sein Maschinenbaustudium. Er fungierte bereits mit dreißig Jahren als rechte Hand seines Unternehmervaters. Beide Eltern und die jüngeren Geschwister vergötterten Bruno. Das provozierte Allmachtsphantasien und einen Grandiositätsfimmel in ihm. Sein verborgenes Lebensmotto lautete wohl: „Ich bin der Größte. Alle anderen sind unter mir."

Ella war eine ähnlich raketenhafte Aufsteigerin. Auch sie wurde als Älteste von ihren Eltern, zwei tüchtigen und wohlhabenden Apothekern, bewundert und gefördert. Schon als Gymnasiastin lernte sie im Ausland drei Fremdsprachen, lernte zwei Musikinstrumente und hochalpines Bergsteigen. Schön war Ella zu allem Überfluss auch noch. Wenn zwei solche Kometen im Universum der Liebe aufeinandertreffen, gibt es natürlich einen Blitz von Billionen Volt. Bruno und Ella waren berauscht voneinander. Noch zwanzig Jahre später war ich von der außergewöhnlichen Dynamik und Intelligenz dieses Paares beeindruckt. Der Jungunternehmer und die inzwischen fertig studierte Pharmazeutin begegneten sich also im Taumel ihrer gegenseitigen Bewunderung und Faszination. Sie heirateten rasch. Sie waren von dem künftigen Erfolg ihrer gemeinsamen

Lebensunternehmung sicher überzeugt. Wie sagt Nietzsche (in *Die Unschuld des Werdens*): „Wenn wir lieben, schaffen wir Menschen nach dem Ebenbilde unseres Gottes."

Alles lief denn auch prächtig an, wie mir die beiden berichteten. Bruno übernahm mit vierzig die Fabrik des Vaters, Ella eine der beiden Apotheken ihrer Eltern. Der Wohlstand wuchs. Drei Kinder vermehrten das Glück. Doch dann schlichen sich Misstöne in die Beziehung. Beide wollten von ihrem hohen beruflichen Engagement nicht lassen. Bruno und Ella, die beiden mächtigen Alphatiere, rivalisierten wie zwei Bullen um die Leitung der Herde. Die Hörner rasseln aneinander.

Bruno warf Ella vor, die Kinder zu vernachlässigen und sie und ihn auf dem Altar des Berufes zu opfern. Ella konterte, Bruno sei als Chef nicht willens, Arbeit zu delegieren und entziehe sich der Familie. Für die Kinder sei er ein Fremder. Die beiden begannen, auch finanziell miteinander zu rivalisieren: Bruno transferierte heimlich erhebliche Geldbeträge auf ein Schweizer Nummernkonto. Er sagte Ella kein Wort davon. Durch Zufall kam sie darauf und machte ihm massive Vorwürfe, er betrüge sie und bereite insgeheim finanziell seine Scheidung vor. Umgekehrt akkumulierte Ella aus den hohen Gewinnen der zentral gelegenen Apotheke ein hohes Aktienvermögen, dessen Umfang sie wiederum Bruno verheimlichte. Ein Gütertrennungsvertrag, den beide nach der ersten schweren Krise ihrer Ehe geschlossen hatten, steigerte noch das gegenseitige Misstrauen. Beim Geld hört bekanntlich oft die Liebe auf.

Bereits diese erste schwere Krise war für die beiden rivalisierenden „Ältesten" typisch gewesen und entsprach dem destruktiven Wesen ihrer symmetrischen Eskalation: Weil Ella nach der Geburt des dritten Kindes über Brunos familiäre Abstinenz wütend war und nur noch in größeren Abständen mit ihm schlief, legte sich dieser eine Geliebte zu. Er versteckte seine Außenbeziehung noch nicht einmal, sondern sorgte „halbdiskret" dafür, dass Ella davon erfuhr. Normal wäre es nun wohl gewesen, wenn Ella getobt, geweint, Bruno zur Rede gestellt und zur Sanierung der Ehe gezwungen hätte. Stattdessen spielte sie eine scharfe Rückhand und nahm sich ihrerseits einen Geliebten! Dabei war es nicht ohne Pikanterie, dass dieser ebenfalls ein Unternehmer war, jedoch in einer höheren Preisklasse. So demütigten sich die beiden gegenseitig immer weiter. Macht prallte auf Macht, Unnachgiebigkeit auf Unnachgiebigkeit. Gleichzeitig klebten sie in ihrer Hassliebe aneinander wie Kletten.

Es war einer der schwierigsten und zeitraubendsten Paartherapien meines Lebens. Ich kam mir mit den beiden „Bestien" manchmal wie ein Dompteur im Tigerkäfig vor. Sie fauchten, bissen und stritten miteinander, dass die Fetzen flogen. Ich liebte Bruno und Ella trotzdem und gerade deshalb in ihrem wüsten Tanz der Liebe. Der Durchbruch kam unerwartet und durch einen besonderen Umstand. Bruno wurde nämlich krank. Er bekam Hodenkrebs. Er fürchtete zu sterben. Da war es um ihre Wüterei geschehen. Bruno zeigte seine bedürftige Seite, die Not des kleinen Jungen, die Angst vor dem Tod. Ella kam fast um vor Angst und pflegte ihren schwachen Bruno mit der sanften Hingabe einer Florence Nightingale. Jetzt durfte sie ihre weibliche Seite, die *anima,* zulassen. Bruno gesundete nach der Operation wieder vollständig. Beide gingen von nun an achtsam mit sich um und legten ihre Schatten und Allüren als Alphatiere ab, ohne ihre großartige Tüchtigkeit zu verlieren. Sie wandten die politische Botschaft Mahatma Gandhis auf ihr Liebesschlachtfeld an: „Die Macht der Liebe und des Mitleids ist unendlich stärker als die Macht der Waffen."

In vielen Familien gibt es ein so genanntes Schattenkind. Die Sonnenstrahlen der Eltern erreichen es nicht. Manchmal ist es ein „Sandwichkind", als mittlerer Sohn oder Tochter eingeklemmt zwischen die älteren und die jüngeren Geschwister. Das nagt am Selbstbewusstsein. Solche Kinder gehen als Erwachsene mit einem unbewussten Defizit in die Beziehung. Erika, vierundvierzig, selbstständige Frisörmeisterin, begriff nicht, warum ihr Mann Rolf, sechsundvierzig, angestellter Lackierermeister, so wenig aus sich und seinem Beruf machte. Er lief mit schäbigen Kleidern herum. Er wagte nicht, um eine Gehaltserhöhung zu kämpfen. Er blockte Erikas Vorschlag rigoros ab, sich eine selbstständige Existenz aufzubauen.

Erika schleppte den schmächtigen, blassen Mann förmlich zu mir ab. Sie sagte ihm vor meinen Augen: „Ich verstehe nicht, dass du dich in dein Schneckenhaus verziehst. Du bist ein Könner in deinem Beruf. Wenn du dich mit einer Autolackiererei selbstständig machst, gehst du ein geringes Risiko ein. Immerhin verdiene ich so viel, dass ich allein schon die ganze Familie ernähren kann. Unsere beiden Töchter sind außer Haus in der Lehre und brauchen schon bald unsere Unterstützung nicht mehr. Warum zögerst du noch? Warum bist du so schüchtern? Ich liebe dich und deinen schlanken Körper und deine Sensibilität, vor allem, wenn ich die dicken und dumpfbackigen männlichen Kunden in meinem Laden sehe. Wach endlich auf!"

Genau damit hatte Rolf Schwierigkeiten. Er hatte seine Zeit als Schattenkind im seelischen Dämmerschlaf verbracht und wenig Selbstvertrauen entwickelt. Er erlebte kaum liebevolle Resonanz und Spiegelung. Deshalb hatte er sich selbst aus den Augen verloren. Er fristete noch als Erwachsener mühsam sein beschädigtes Leben mit der „Wunde des Ungeliebten" (Peter Schellenbaum). Doch Schattenkinder sind durchaus für den Weckruf des Lebens empfänglich, wenn er von der Liebe getragen ist. Rolf arbeitete in einer Einzeltherapie seine familiare Unterdrückungsgeschichte durch. Er vergoss Tränen, erlebte in einem Gruppenwochenende das Liebeselixier einer therapeutischen Gemeinschaft und betrat die Sonnenseite des Lebens. Er machte sich tatsächlich selbstständig, und die feurige Erika freute sich darüber.

Selbstverständlich bleibt auch die Rolle als Einzelkind nicht ohne Auswirkung in der Partnerwahl und Beziehungsgestaltung. Stefan, dreiunddreißig, Angestellter in einem Sportstudio, war so ein Einzelkind. Der kleine Prinz residierte in Samt und Seide, bekam alles, was er wollte, ohne auch nur die Augenbraue zu heben. Der Hintern wurde ihm förmlich nachgetragen. Stefan wurde im ambivalenten Sinne des Wortes schrecklich verwöhnt. Einerseits erfuhr er die Segnungen eines Luxusknaben und durfte sich bedingungslos geliebt fühlen, andererseits wurde er durch die Überverwöhnung lebensuntüchtig, egozentrisch und narzisstisch. Die Schule musste Stefan frühzeitig verlassen, eine Ausbildung zum Masseur brach er ab. Er fuhr mehrere von den Eltern gekaufte Wagen zu Schrott. Auch kam er vom heimlichen Haschkonsum nicht los. Seine ratlosen Eltern brachten ihren lebensuntüchtigen Zuckerbuben schließlich notgedrungen im väterlichen Sportstudio unter. Dann fand Stefan die große Liebe seines Lebens, Iris. Er fühlte sich im siebten Himmel. Iris auch, denn der hübsche Stefan war durchaus ein erotischer Leckerbissen.

Doch mit Iris geriet Stefan geradezu mit zielhaftem Instinkt an die Falsche. Die einzige Tochter wohlhabender Drogisten war ebenfalls nur gehätschelt und gepäppelt worden. Ihre Kosmetikerinnenausbildung hatte sie nicht beendet. Die meiste Zeit verbrachte sie damit, zu „shoppen", im Chatroom des Internets Männer anzubaggern und abends in die Disco zu gehen. Sie dachte gar nicht daran, Stefan als Ersatzmutter in den Kokon der Liebe zu hüllen. Im Gegenteil, sie verlangte vielmehr, dass Stefan ihr, der Prinzessin und schönen Barbiepuppe, die Welt zu Füßen lege und ein Luxusdasein finanziere. Als zwei Egoisten lebten sie nebeneinander, maulend, unzufrieden und verbockt. Die Paartherapie griff nicht. Sie gingen als Feinde auseinander.

Eine Frau kann einen Mann heiraten, weil er sie unbewusst an ihren geliebten Bruder erinnert. Jahre später begreift sie das Geheimnis dieser Anziehung. Umgekehrt kann ein Mann in seiner älteren Frau seine fürsorgliche ältere Schwester entdecken und sich wie ein kleiner Junge in sie verlieben. Das geht in vielen Fällen gut. Übertragungen bilden den Grundantrieb, das Movens unserer Liebesbeziehungen.

Im negativen Fall führt so eine brüderliche oder schwesterliche Gefühlsanrührung zu der so ge-

115

nannten *Geschwisterehe*, das heißt, die Partner arrangieren sich in einem freundlichen, aber reiz- und leidenschaftslosen Zusammensein von hoher protektiver, also beschützender Qualität. In der Regel findet in solch einer Beziehung keine Sexualität mehr statt. Das kann auch gut gehen.

Hanne, achtundfünfzig, früh pensionierte Gewerbefachlehrerin, gestand mir: „Ich habe eine Ehe und ein halbes Dutzend so genannter Lebensabschnittspartnerschaften hinter mir. Die Trennungen haben mich immer wieder gebeutelt und mir weh getan. An die große Liebe kann ich so recht nicht mehr glauben. Jetzt lebe ich, wieder mit Trauschein, mit meinem Anton, einem pensionierten Feldwebel, in einer ,Geschwisterehe'. Die Sexualität haben wir eingestellt, dafür reisen wir viel, kochen genüsslich und verwöhnen uns gegenseitig. Das ist nicht alles, was man von der Liebe bekommen kann, aber immer noch viel."

Die meisten Paare klagen jedoch über mangelnde Leidenschaft und Lustlosigkeit, wenn sie aus dem Laufstall einer Bruder-Schwester-Beziehung nicht mehr herauskommen. Dann ist es für sie Zeit, einen Kassensturz in der Beziehung vorzunehmen, die Situation zu analysieren, sich Hilfe zu holen und sich auf die Socken zu machen. Fritz Riemann sagt es (in *Die Fähigkeit zu lieben*) einprägsam: „Die Bewusstmachung unserer Motive für eine Partnerwahl sollten wir anstreben; manche Partnerschaft wäre viel-

116

leicht nicht zustande gekommen, wären wir uns über die Motive im Klaren gewesen, die unsere Wahl steuern. Der Spruch, dass jung gefreit nie gereut habe, ist gefährlich."

Wir Männer sind oft geschädigt durch unsere maskulinen Privilegien, die wir in der Geschwisterhierarchie erhalten. Spülen, Staubsaugen, Wäsche waschen, Klo putzen war noch nie unsere Sache. Dafür gab es die Schwestern.

Verena Krieger, Politikerin der *Grünen* im Deutschen Bundestag, richtete bereits 1989 eine schwesterliche Mahnung an die Brüder-Männer: „Wir führen heute eine Frauendebatte. Dringend nötig wäre etwas hier noch nie Dagewesenes, nämlich eine Männerdebatte. Ich wünsche mir eine Debatte, in der Männer sich und ihre Geschlechtsgenossen fragen, warum eigentlich der Anblick und das Anfassen von schmutzigen Windeln, Wischlappen, Kochtöpfen, Putzeimern so schwer ist, in der man sich fragt, warum die Frau die alte Mutter ihres Mannes pflegt und nicht er selbst, in der sich männliche Kollegen hier im Saal einmal ernsthaft fragen, ob sie als Väter in der Beschäftigung mit ihren Kindern tatsächlich über die durchschnittlichen zwölf Minuten pro Kind hinauskommen, wie der *Club of Rome* ermittelt hat. Ich wünsche mir also eine Debatte über die Quotierung der Hausarbeit. Denn nicht wir Frauen, sondern Sie, meine Herren, sind das eigentliche Problem."

Beziehungswünsche:
Von Anbetern, Fluchthelfern
und Hilfs-Ichs

Wenn wir heiraten, übernehmen wir ein versiegeltes Schreiben, dessen Inhalt wir erst erfahren, wenn wir auf hoher See sind.

Lilli Palmer

Es ist die Tragik unserer Existenz als homo sapiens, dass wir erst durch Beziehungen (mit den Eltern) zu Menschen werden, dass aber dieselben Prozesse, die uns zum Menschen machen sollen, entgleisen können oder nicht ausreichend gut sind und uns in einer Weise deformieren, dass wir unsere zentralste Kernstrebung, nämlich zu lieben und uns zu binden, nicht auszuleben in der Lage sind.

Dietmar Stiemerling
Sehnsuchtsprogamm Liebe.
Zur Psychologie der zentralen
Beziehungswünsche (2002)

Frauen und Männer passen einfach nicht zueinander, meint Loriot. Sein satirischer Stoßseufzer bringt uns zum Lachen. Denn wir werden uns einer Paradoxie bewusst, die wir nicht leugnen können. Roy F. Baumeister benennt sie so: „Wir Männer und Frauen brauchen uns und sind zugleich so außerordentlich verschieden. Es ist falsch, diese Differenzen zu leugnen. Es hat in der Frauen- und in der Männer-

- FLUCHTHELFER -

bewegung in den zurückliegenden Jahren den Versuch gegeben, die Frauen stark zu vermännlichen und die Männer zu verweiblichen, bis die Chimäre einer maskulin-femininen Mischform entstünde. Der androgyne Typ. Das war ein illusionäres Unterfangen. Die Gender-Forschung belegt: Anatomie und Kultur prägen tiefgreifend das unterschiedliche geschlechtertypische Verhalten von Frauen und Männern. Der Wissenschaftler hat (in *Psychologie heute* 3/2008) die wesentlichen Differenzpunkte herausgearbeitet. Männer und Frauen sind gleich tüchtig, aber unterschiedlich. Deshalb differieren auch ihre Beziehungswünsche. Gelegentlich überlappen sie sich. Greifen wir sieben zentrale Feststellungen Baumeisters heraus.

1. Die Männer sind das extreme Geschlecht. Baumeister: „Wer sitzt in allen Ländern dieser Welt am häufigsten im Gefängnis? Wer bettelt oder ist obdachlos? Wer wird in den Krisengebieten dieser Welt verheizt? Wen setzt die Gesellschaft für unangenehme oder gefährliche Jobs ein? In überwiegender Zahl Männer. Dreiundneunzig Prozent der tödlichen Berufsunfälle gehen auf Kosten der Männer."

2. Männer sind sexuell aktiver. Baumeister: „Welches Geschlecht denkt wohl häufiger an Sex, will ihn öfter, masturbiert mehr, wechselt häufiger Partner, riskiert mehr für die Lustbefriedigung, nimmt jede Gelegenheit wahr? Eine Vielzahl von Forschungsar-

beiten zeigt, dass in jedem einzelnen Punkt die Männer vorne liegen. Es ist sozusagen offiziell: Männer sind sexuell interessierter als Frauen."

3. Frauen sind für die Fortpflanzung wichtiger. Baumeister: „Die heutige Menschheit stammt von doppelt so vielen Frauen wie Männern ab. Dies ist die am meisten unterschätzte Tatsache über die Geschlechter. Damit dieser Unterschied entstand, müssen im Laufe der gesamten Menschheitsgeschichte etwa achtzig Prozent der Frauen, aber nur vierzig Prozent der Männer Nachkommen produziert haben." Einige Männer zeugten also viele Kinder, während ein größerer Teil ohne Nachkommen blieb. Noch heute bevorzugen in der Bundesrepublik mehr als sechzig Prozent der Frauen die Arbeit in der Familie, mit der sich die männliche Arbeit außer Haus ergänzt. Sie bevorzugen immer noch Berufe mit familienähnlichen Abläufen in Kindergärten, Grundschulen und der Pädagogik. Das heißt, sie wählen eher versorgungsschwache Fächer, weil sie sich auf versorgungsstarke Männer verlassen.

Baumeister erläutert: „In Geschichte und Vorgeschichte waren die Chancen, Nachkommen zu haben, für Frauen immer besser als für Männer. Umgekehrt drängt sich die Frage auf, ob sich jemals hundert Frauen zusammengetan haben, um ein Schiff zu bauen und zu fernen, unbekannten Gestaden zu segeln. Männer haben das immer wieder riskiert. Sich in solche Abenteuer zu stürzen wäre aus

122

der Sicht eines Organismus, der sich fortpflanzen will, schlicht dumm."

4. Natürlich sind Frauen und Männer erst dann gleichberechtigt, wenn sie beide alle Arbeitsgebiete, Haushalt, Kindererziehung und Beruf, frei miteinander aushandeln können. Dagegen steht immer noch eine kinderfeindliche Wirtschafts- und Gesellschaftsorganisation. Aber die Unterschiede im geschlechtstypischen Verhalten eskalieren. Baumeister: „Frauen waren am erfolgreichsten, wenn sie Risiken minimierten, Männer waren am erfolgreichsten, wenn sie etwas riskierten. Ehrgeiz und Wettbewerbslust haben also mehr zum männlichen Erfolg beigetragen (gemessen an der Fortpflanzung)."

5. Die Beziehungsebenen zwischen Frauen und Männern sind unterschiedlich akzentuiert. Weiblich-privat, männlich-öffentlich. Baumeister: „Frauen sind sowohl hilfreicher als auch aggressiver in intimen Beziehungen, weil ihnen diese wichtig sind. Im Gegensatz dazu kümmern sich Männer sehr viel interessierter und engagierter um das größere soziale Netzwerk ... Deshalb sind sie zum Beispiel viel häufiger in Vereinen, Mannschaftssportarten, in der Politik und in vielen anderen Netzwerken zu finden als Frauen." Der Klageruf vieler Frauen lautet daher: „Kümmere dich doch einmal um die Familie!" Männer schlagen mit dem Argument zurück: „Du hast außer Kinder und Küche keine Interessen. Du

liest ja nicht einmal eine Zeitung und siehst keine Nachrichten."

6. Das Selbstkonzept und das Wertesystem von Männern und Frauen ist diametral. Baumeister: „Männer definieren sich über Eigenschaften und Fähigkeiten, in denen sie Besonderes leisten und sich von anderen unterscheiden. Das weibliche Selbstkonzept dagegen betont die Eigenschaft, in denen eine Frau mit anderen übereinstimmt. Männer wollen sich abheben, weil es eine wichtige Voraussetzung ist, zu reüssieren und etwas Wesentliches in eine größere Gruppe einzubringen. Wenn du der Einzige in einer Gruppe bist, der eine Antilope mit dem Pfeil erlegen, eine Quelle finden, mit den Göttern sprechen oder einen Elfmeter todsicher verwandeln kannst, dann braucht die Gruppe dich ... Frauen dagegen schätzen intime Beziehungen mehr, und diese sind mehr als alles andere wichtig für das Überleben der Art. Deshalb verdankt die menschliche Spezies ihre Entwicklung in erster Linie den Frauen. Wir brauchen diese engen sozialen Beziehungen, um zu überleben."

7. Frauen und Männer leisteten in der Vergangenheit Unterschiedliches, aber jeweils Bedeutendes. Baumeister: „Weil immer mehr Wissen angesammelt und die Arbeitsteilung vorangetrieben wurde, entstanden Religion, Kunst, Literatur, Wissenschaft, Technik, Handel und Markt, politische Organisationen, Medizin. All das entstand aus der männlichen Sphäre her-

aus. Die weibliche Sphäre blieb für andere wichtige Dinge verantwortlich, vor allem für die Aufzucht der nächsten Generation und die Erhaltung der Art."

Baumeister spitzt die Geschlechtersituation zu, wenn er konstatiert: „Auch wenn es grausam klingt: Das Leben von Männern war und ist nicht so viel wert wie das Leben von Frauen und Kindern ... Und das Bevölkerungswachstum ist abhängig von Frauen. Um die Reproduktion zu maximieren, braucht eine Kultur alle Mütter, die sie kriegen kann. Männer braucht sie nicht so viele. Im Gegenteil, das wachsende Engagement von Frauen in der Wirtschaft, Technik, politischen Organisationen (wir haben eine Bundeskanzlerin!) und allen Künsten ist heute unersetzlich und wird, so viel ist sicher, weiter zunehmen. Schon heute überwiegt die Zahl der Abiturientinnen und Studentinnen die der Männer."

Der „kleine Unterschied" zwischen Mann und Frau ist also größer, als man denkt. Siebzig Prozent des Familieneinkommens bringen immer noch Männer nach Hause. Ein Drittel der Ehefrauen weiß nicht, wie viel ihr Mann verdient und besitzt! Frauen gehen mit ihrem Körper achtsam um, weil er ein kostbarer Träger des Lebens ist. Männer betrachten ihren Körper als Werkzeug. Es wird benutzt, bis es kaputt ist. Dann wieder wird der Arzt wie ein Monteur aufgesucht, damit er die notwendigen Reparaturarbeiten macht. („Doktor, meine Pumpe tickt nicht richtig, checken Sie sie einmal durch").

Mehr als doppelt so viele Männer als Frauen, nämlich dreißig Prozent aller Männer zwischen dreißig und vierundsechzig Jahren, trinken nach einer Studie des Robert-Koch-Instituts (2008) Alkohol im Übermaß. Bei harten Drogen landen Männer zehnmal häufiger als Frauen. Sie begehen dreimal so oft Suizid wie Frauen, sie ernähren sich schlecht, sind übergewichtiger, rauchen dreimal so viel und leiden mehr an Nierenschäden, Herzversagen und Schlaganfällen. Männer sterben daher statistisch fünf Jahre früher (77/82 Jahre) als Frauen. Deutlich häufiger stürzen sie sich arbeitssüchtig auf ihren Job. Da viele Männer gefühlsmäßig nicht aus sich herausgehen können, brauchen sie eine Sucht wie Alkohol, Zigaretten, Fernsehen, Computer, um sich von ihrer inneren Einsamkeit abzulenken.

Diese Strebungen, Stärken und Defizite spiegeln sich natürlich auch in den Beziehungswünschen von Frauen und Männern wider. Sie wirken bei der Partnerwahl meist im Verborgenen, unbewusst und unreflektiert. Erst Jahre später, gewöhnlich unter dem Eindruck einer Krise (oft auch erst nach der Trennung), werden sie sichtbar. Ich stelle meine Standardfrage fast immer am Anfang der Paartherapie an Frau und Mann: „Warum hast du ihn/sie geheiratet? Was war die verborgene Botschaft deiner Partnerwahl an deine Ursprungsfamilie?" Die Antworten kommen zögerlich. Sie erfordern Nachdenken. Sie sind oft sarkastisch, selbstkritisch, manchmal bitter.

126

Sie sind sogleich fast immer, worüber ich staune, schonungslos wahrhaftig.

Wenn ich im Folgenden aus der Fülle dieser wirkmächtigen Beziehungswünsche mit all ihren kollusiven und neurotischen Anteilen einige herausgreife, so folge ich dem vorzüglichen Werk von Dietmar Stiemerling *Sehnsuchtsprogramm Liebe. Zur Psychologie der zentralen Beziehungswünsche* (2002). Der uneingestandene und unreife Wunsch des/der Liebenden erweist sich im Nachhinein gewöhnlich als der uneheliche Vater des trügerischen Wechselbalges Hoffnung.

„Frau mit Staubsauger gesucht", so könnten manche Männer inserieren, wenn sie ehrlich wären. Das ist das *Altvorderen-Modell*. Der Mann kämpft draußen im feindlichen Leben, das Frauchen putzt das Haus, kocht, bäckt und schnäuzt den Kindern die Nase. Das geht so lange gut, bis die Frau – meist wenn die Kinder älter werden – sich auf ihre außerfamiliären Interessen und berufliche Selbstverwirklichung besinnt, sich gegen die ehelichen Fesseln sträubt und unbequem wird.

Roland, achtundvierzig, Internist, wurde in der Paartherapie sogar rabiat. „Du hast doch alles, was du willst", blaffte er seine frustrierte Frau und Hausfrau Roswitha an, „dir geht's doch gold. Du musst nicht arbeiten. Wer ist denn hier das arme Schwein, du oder ich?" Tatsächlich war er überarbeitet. Er bestand darauf, dass die eheliche Arbeitsteilung, vor zwanzig Jahren in einem ungeschriebenen Ehevertrag ausgemacht, für alle Zeiten zu gelten habe. „Pacta sunt servanda", „Verträge sind zu halten", meinte der humanistisch gebildete Mediziner erbost. Dass Roswitha, gelernte Fremdsprachensekretärin, ihre auslaufende Mutterrolle beenden und sich jetzt beruflich betätigen wollte, verstand er lange Zeit nicht. Roland bot ihr einen Kompromiss an, sie solle doch halbtags in seiner Praxis arbeiten. Roswitha wies diese Offerte zu seiner Verblüffung mit den Worten zurück: „Dann bin ich ja wieder in deinem Machtbereich."

Genau das bildete das verborgene kollusive Arrangement des Paares. Roland hatte als Kind erlebt, wie sein Vater als beruflicher Versager von seiner Frau gedemütigt wurde. Schon der junge Roland beschloss daher, einmal etwas Großes zu werden, die „böse" Frau an den Herd zu schicken und vorbeugend zu domestizieren. In seiner medizinischen Position als „Halbgott in Weiß" fand er denn auch die Erfüllung seiner Größenphantasie und die finanzielle Möglichkeit, ein konservatives patriarchales Ehemodell zu installieren.

Nicht immer wird der Partner aus reiner Liebe gewählt. Oft ist er auch nur der *Fluchthelfer*. Er bildet das Sprungbrett in ein neues Leben. Er soll helfen, die gewaltsame Ablösung vom Elternhaus zu organisieren. Resl, vierunddreißig, Zugbegleiterin, lief in diese typische Frauenfalle. Resl berichtete mir: „Ich stamme aus einem Bauernhof im Allgäu. Ich war das jüngste Mädchen. Als meine älteren Geschwister das Haus verlassen hatten, wollten mich meine Eltern um jeden Preis auf dem Hof behalten. Ich war ja eine billige Arbeitskraft. Andererseits war ich zweiundzwanzig und hatte noch keinen Freund. Ich litt unter Neurodermitis. Ich sah manchmal zum Grausen aus mit meiner Reptilienhaut, besonders im Gesicht. Ich hatte Minderwertigkeitskomplexe und traute mich an keinen Mann heran. Die Eltern liebten mich nicht. Ich war eher ihr williges Werkzeug. Ich empfand die dörfliche Welt als bedrückend.

Da trat Ewald in mein Leben. Er stammte aus dem Saarland, wo er einen kleinen Videoshop betrieb. Ich lernte ihn als Sommertouristen kennen. Er machte nicht viel Federlesen mit mir. Am gleichen Abend, als ich ihn in der Wirtschaft kennenlernte, nahm er mich mit in sein Bett. Ich war ja auch so ausgehungert. Ich hielt ihn für meine große Liebe. In Wirklichkeit hatte ich nur einen brennenden Wunsch, meine Eltern und das Dorf zu verlassen. Ewald versprach, sich mit mir zu verloben. Er machte einen artigen Antrittsbesuch bei meinen Eltern. Vier Wochen später traf ich bei Ewald im Saarland ein, acht Wochen später war die Beziehung geplatzt. Ewald war sexsüchtig und alkoholkrank. Aber immerhin habe ich mit ihm den Absprung geschafft. Ich bin nie wieder länger zu meinen Eltern zurückgekehrt.

Ich habe jetzt zwar einen Freund, aber das Richtige ist es noch nicht. Ich stecke voller Unruhe. Es ist vielleicht kein Zufall, dass ich Zugbegleiterin bin und damit ständig auf Reisen." Die größte Reise stand Resl zu dieser Zeit in der Tat noch bevor – die zu sich selbst und zur versöhnenden Auseinandersetzung mit den Eltern.

Der *Machtanspruch* in der Beziehung basiert auf der eigenen Ohnmacht. Sie ist, wie wir bei dem Internisten Roland gesehen haben, in der kindlichen Ent-Mächtigung begründet. Unbewusst sagt nun der solcherart Traumatisierte: „Sie soll meine ergebene Magd sein und sich total nach mir richten." Oder umgekehrt die Frau: „Er soll nach meiner Pfeife tanzen und mich nie bestimmen dürfen." Der Mächtige und die Ohnmächtige leiden beide, denn so kommt es selten zwischen ihnen zu Nähe und zu Intimität. Der/die Mächtige ist übergriffig, der/die Ohnmächtige verschanzt sich. Solch ein typisches Gespann bilden der Macho und das zarte Rehlein.

Als romantische Beziehungsutopie erweist sich die *Zwillingsfantasie*. Das ist der Wunsch nach hundertprozentiger Übereinstimmung. Der Partner ist mein Zwilling. Er denkt, fühlt und handelt wie ich. Wir tanzen Synchronkür im Eislauf der Liebe. Zwischen uns passt kein Löschblatt. Wir sind gleichgepolt. Die Harmonie ist unsere Göttin. All unsere Bedürfnisse und Interessen sind identisch. Wie sagte mir

einmal Ricarda schwärmerisch in der Einzeltherapie: „Liebe ist totale Harmonie." Nun ja, sie hatte
bereits zwei Ehen hinter sich.

Eine solche Zwillingsfantasie lähmt auf Dauer jede
Spannung und Leidenschaft. Wir wissen doch alle,
siamesische Zwillinge haben einen brennenden Her-
zenswunsch: Sie wollen operativ getrennt werden.
Genau das macht gerade die Anziehung der Partnerschaft aus, dass wir andere sind. Es weckt die Neu-
gier und erweitert den eigenen Horizont. Jeder hat
andere Ängste, Stärken, Bedürfnisse und Lebens-
rhythmen, Begabungen und Grenzen. Eine funk-
tionierende realistische Partnerschaft ist, bei aller
Magie der Liebe, doch auch eine gemeinsame Un-
ternehmung mit Kompromissen und nicht immer
deckungsgleichen Interessen.

Hans-Joachim Maaz, der schon zu DDR-Zeiten als
Chefarzt der Klinik für Psychotherapie und Psy-
chosomatik des Diakoniekrankenhauses Halle Tau-
senden von seelisch bedürftigen Menschen geholfen
hat, spricht (in *Die Liebesfalle*) mit angenehmer
Nüchternheit von der Partnerschaft als „Geschäfts-
beziehung". Maaz: „Gute Partner sind gewissermaßen mit ‚seriösen Geschäftsleuten' vergleichbar,
die zum gegenseitigen Vorteil, ohne Absicht der
Übervorteilung oder gar des Betrugs, ihre gemeinsamen Angelegenheiten regeln."

Der Partner gehört mir nicht. Menschen mit einem absoluten *Treue- und Ewigkeitsanspruch* versuchen das zu ignorieren. Die oben erwähnte, harmoniesüchtige Ricarda betrachtete trotz zweier ehelicher Havarien den jeweiligen Ehemann als einzigen Lebensgrund und Quelle ihrer Existenz. Das tat sie wider alle Vernunft. So stark sind unsere neurotischen Prägemuster.

Ricardas ganzes Beziehungsleben war ein fortgesetzter Flickenteppich von „Lebensabschnittspartnerschaften". Liebe war für sie das, was wir als „Ersatzreligion" bezeichnet haben. Wo das Individuum aus allen religiösen, gesellschaftlichen und wirtschaftlichen Bindungen herausfällt, stilisiert es die Liebe zu Erlösung. Auch bei Ricarda hatte der kollusive Beziehungswunsch eine biografisch verheerende Erfahrung als Hintergrund: Die frühzeitige Trennung der Eltern. Als Scheidungskind entwickelte Ricarda die größte Sehnsucht ihres Lebens – nie wieder allein sein, eine erschütterungsfreie treue Bindung *per saecula saeculorum, von Ewigkeit zu Ewigkeit*, zu finden. Ricarda: „Ich finde, auf diese Wiedergutmachung habe ich ein Recht, allein komme ich außerdem nicht durchs Leben."

Auch das sagte Ricarda kontrafaktisch, wider ihre reale Situation. Denn sie kam durchaus allein zurecht. Sie hatte eine sichere berufliche Position als Sachbearbeiterin in einer Versicherung. Sie besaß eine schöne Wohnung und war kulturell interessiert.

Ihre Ressourcen bildeten denn auch die Grundnahrung für ihre erfolgreiche Therapie. Einmal musste sie lachen, als ich ihr, bei der Durcharbeitung ihrer symbiotischen Liebesprojektion, eine Karikatur aus meinem Buch *Reine Männersache* (emu-Verlag) zeigte. Da sagt eine etwas depressiv wirkende Frau zu ihrer Freundin: „Ich habe einen neuen Freund. Er sagt, er wird mich niemals verlassen." Erwidert die Freundin trocken: „Das ist ja schrecklich".

Bei Ricarda kann man das Phänomen der Beziehungswünsche studieren: Der *Wiedergutmachungsanspruch* und der *Partner als Hilfs-Ich*. „Liebe ist", sagt die scheidungsgeschädigte Ricarda in uns, „wenn du, mein Partner, mich für die Einsamkeit in meiner Kindheit entschädigst, indem du wie ein Schäferhund keine Sekunde von meiner Seite weichst, bis dass der Tod uns scheidet".

Ich habe keinen Grund, mich über Ricarda lustig zu machen. Ihre Sehnsucht kommt auch mir bekannt vor. Bei der Trennung meiner Eltern war ich sechs Jahre alt – das erklärt mir heute meine kompensatorischen Klammerfantasien als Erwachsener. Als mich in meiner ersten Ehe bei einer Paarberatung der Therapeut aufforderte, einmal in einer Skulptur darzustellen, wie ich mit meiner Frau durchs Leben *gehen* wollte, vollbrachte ich eine geradezu lehrbuchartige Freudsche Fehlleistung. Ich umschlang meine Frau fest wie ein Oktopus mit stählernen Krakenarmen und schlang zusätzlich mein rechtes Bein von hinten um ihre Hüfte. „Jetzt geh mal mit ihr einige Schritte", sagte Harry, der Therapeut, mit gespielter Harmlosigkeit zu mir. Ich versuchte es – und brachte meine Frau und mich zu Fall. Seitdem weiß ich, was Klammern in der Beziehung heißt.

Die Wiedergutmachung für meine als Kind erlittenen Schmerzen kann der Partner nicht leisten. Er kann etwas zur Heilung beitragen, aber die Hauptaufgabe lastet auf mir selbst. Maaz formuliert es so: „Es geht um übertragungsfreie oder -arme Beziehungen, in denen man das Gegenüber nicht mehr in unbewusster Tiefe mit Mutter oder Vater verwechselt und die prägenden ersten Beziehungserfahrungen in ihrem Mangel oder ihrer Verlogenheit und Traumatisierung enttarnt hat."

Ricarda scheiterte auch mit ihrem Wunsch, den Partner als *Hilfs-Ich* zu brauchen. Sie hatte weder in ihrer Mutter noch in ihrem Vater eine Identifikationsfigur, von der sie die Regularien der Lebensbewältigung hätte lernen können. Im Gegenteil, die Scheidungsmutter wertete sie ab und traute ihr nicht viel zu. Ricarda entwickelte angstneurotische Züge. Sie spaltete ihr Ich in eine erfolgreiche, autonome berufliche Persönlichkeit und ein mangelhaftes, privates Ich. Im Privaten meinte sie, unbedingt einen Ehemann zu benötigen, der ihr sagte, „wo es lang geht". Sie benutze ihre Männer als *Hilfs-Ich*. Sie wollte als „schwaches Weib" an die Hand genommen und durch das gefährliche Leben gelotst werden.

Hand aufs Herz, wer von uns kennt diesen verführerischen Wunsch nicht, sein Leben an den anderen zu delegieren – wäre das nicht paradiesisch? Vielleicht, aber wir blieben zeitlebens unmündige, fremdbestimmte Kinder. Der Philosoph Immanuel Kant (1724–1804) hat uns in seinem Aufsatz *Was ist Aufklärung?* (1784) die Maxime des mündigen Erwachsenseins zugerufen: „Sapere aude. Habe Mut, dich deines Verstandes ohne Leitung eines anderen zu bedienen, ist also der Wahlspruch der Aufklärung."

Dietmar Stiemerling begründet den missbräuchlichen Beziehungswunsch, den Partner als *Hilfs-Ich* unter Vertrag zu nehmen, mit den Worten: „Das mangelhaft individuierte Subjekt ... konnte wenig eigene Wert- und Zielvorstellungen entwickeln. Es weiß nicht, was es will, was es nicht will und was ihm wichtig ist. Das Bild von der eigenen Person ist ungenügend ausgebildet, seine Identität nicht gefestigt. Die Bereitschaft und Fähigkeit, Verantwortung zu übernehmen und zu den Ereignissen der umgebenden Welt Stellung zu beziehen und eine eigene Meinung zu haben, sind eingeschränkt. Der Prozess der Selbstwerdung – bis hin zur Ausbildung einer eigenständigen Persönlichkeit mit einem eigenen Willenszentrum – ist bei ihm nicht zu Ende gekommen."

Problematische Beziehungswünsche gibt es wie Sand am Meer. Da ist das *Bedürfnis nach Daseins- oder Selbstwertbestätigung*, die *Sehnsucht nach der idealen Mutter* („Sei meine Versorgerin und stille mich mit stets vollen Brüsten"), da gibt es den Wunsch nach *Liebe als Tauschgeschäft* („Liebe ist miteinander Spaß haben!"). Das ist eine Art Konsummodell, ein Egoismus zu zweit. Wie sagte mir einmal der fünfundzwanzigjährige Sportstudent Ben so salopp: „Wenn eine Freundin mir keinen Spaß mehr macht, dann fliegt sie raus."

Wiederholt haben wir in den vorhergehenden Kapiteln gesehen, wie aus der Ehe eine Intensivstation gemacht wird. Der eine ist chronisch krank, der andere spielt den Pfleger. Dann enthüllt sich der Beziehungswunsch des Dauerkranken – wenn die Krankheit denn nicht ernsthafter organischer Natur ist – als das Bedürfnis, die *Ehe als Sanatorium* zu buchen. Der „gesunde" Partner zerbricht förmlich unter dieser Last. Aber er muss sich natürlich auch fragen, warum er ausgerechnet diese Aufgabe angenommen hat.

Guido und Dorothea waren so ein Paar. Dorotheas Botschaft an Guido lautete sinngemäß: „Liebe ist, wenn du mich betreust, betüdelst und wie ein rohes Ei behandelst." Guido tat das denn auch gerne, weil er sich mit seinem in Kindertagen erworbenen niedrigen Selbstbewusstsein danach sehnte, gebraucht zu werden und unentbehrlich zu sein. Er meinte, sein Helfen sei das Einzige, was er Dorothea bieten könne. Dabei war er ein kluger, handwerklich geschickter Mann, sportlich und in seinem Wildwasser-Kanuten-Verein beliebt. Beide verhielten sich kollusiv, Dorothea wegen ihrer katastrophalen Kindheit. Das Elternhaus war von den biblischen Geißeln Arbeitslosigkeit, Alkohol und Gewalt bestimmt gewesen. Dorothea: „Ich spüre die Schläge meines Vaters und die giftigen Worte meiner Mutter heute noch auf meinem Körper. Manchmal möchte ich mich für Wochen in unser Schlafzimmer zurückziehen und von Guido das Essen auf dem Krankentablett serviert bekommen."

Das sagte sie Guido zwar nicht, aber er spürte es durch alle Poren seiner Helferexistenz. Guido war subdepressiv, Dorothea litt an einer manifesten, aber nicht erkannten reaktiven Depression. Beide verstanden in ihrer Not die *Liebe als Universalmedizin* nach dem Schlagermotto: „Du allein bist meines Herzens Sonnenschein".

Stiemerling meint hierzu: „Wir begegnen hier einem Beziehungswunsch, der häufig auch im Verein mit anderen Sehnsüchten … auftaucht und in seinem Kern von der Liebe eine Art ‚Erlösung von allen Übeln' erwartet. Liebe soll Wunder vollbringen: den Kranken heilen und den gefühlsmäßig Erstarrten wieder auftauen, den Unzufriedenen mit seinem Dasein versöhnen und aus dem hässlichen Frosch einen strahlenden Prinzen machen. Von der Liebe wird unkritisch und nebulös der große Durchbruch für das eigene Leben erwartet. Der neue Partner soll innere Konflikte, Probleme und schmerzliche Erfahrung wegschmelzen, erlittene Ungerechtigkeiten tilgen und einen sinngebenden Halt in der eigenen emotionalen Eiswüste vermitteln. Das Liebesobjekt verkörpert alle Hoffnungen, die der vom Leben Enttäuschte jemals an den Horizont seiner Zukunft projiziert hat."

Menschen mit einem hysterisch-inszenierenden Charakter (Riemann) haben, wie wir früher feststellten, den unstillbaren Drang nach einer anbetenden Liebe oder, wie Stiemerling formuliert, nach *hymnischer Dauerbejahung*: "Ich bin Julia Roberts/ Richard Gere für dich." "Du findest mich unwiderstehlich. Du bist dankbar, dass du mich bewundern darfst". Der erwähnte Sportstudent Ben sagte allen Ernstes voller Stolz: "Bei mir stehen ein Dutzend Frauen auf der Warteliste. Sie sind alle rattenscharf auf mich."

So viel Selbstbewusstsein müsste man haben, könnte man versucht sein zu denken. Tatsächlich aber ist der Adressat hymnischer Dauerbejahung wie der Eitle in Saint-Exupérys philosophischem Märchen *Der Kleine Prinz*. Er ist in Wahrheit ein armer Teufel, weil er sein Ich erst durch die Bewunderung der anderen generiert und ohne sie eine Hülle ohne Inhalt ist (vgl. dazu M. Jung, *Der kleine Prinz in uns. Auf Entdeckungsreise mit Saint-Exupéry*, Taschenbuch im Patmos-Verlag, Vortrag als CD im emu-Verlag). Wer nur selbst im Scheinwerferlicht stehen will, ist Monologist, zum Dialog und aktiven Zuhören unfähig. Das erinnert mich an einen Witz aus meiner Branche. Sagt ein narzisstischer Psychoanalytiker zum anderen: „Jetzt habe ich den ganzen Abend nur über mich geredet. Nun sind Sie aber mal dran: Wie fanden Sie mein letztes Buch?"

Ich möchte meinen forschen Sportstudenten nicht so lieblos aus diesem Buch entlassen. Ben entschwand zwar nach einer einzigen Beratungsstunde, in der er ständig auf die Uhr blickte, auf Nimmerwiedersehen, aber er lüpfte doch einen Zipfel seiner Vergangenheit. Er sei von seinem verwitweten Vater ins Internat gesteckt worden, einen „ziemlich üblen Schuppen". Das habe er ihm nie verziehen. Er sei zwar ein guter Sportler gewesen, aber zweimal durchgefallen. Man habe ihn als „dumm und träge" bezeichnet. Er habe sich so wehrlos gefühlt. Es war wohl diese jugendliche Ohmacht, die ihn als Erwachsenen zur Wahl seiner grandiosen, „die Weiber" abwertenden Don-Juan-Rolle veranlasste.

Wer selbst fantasiearm ist, mag sich seinen Beziehungswunsch nach einem aufregenden, fantastischen Partner erfüllen. Wer chaotisch ist, findet vielleicht einen zwanghaft-verlässlichen Charakter. Wer unter mangelnder Selbstachtung leidet, sucht sich einen vermeintlich Souveränen. Wer ängstlich ist, den Mutigen. Wer zwei linke Hände hat, einen begeisterten Heimwerker. Das mag sich alles im angemessenen Bereich der *Kompensation* bewegen und nicht immer gleich neurotisch sein. Ich selbst, eher ein Musenfreund und Theoretiker, handwerklich und als Koch eine Katastrophe, genieße es, eine praktische und lebenstüchtige Frau gefunden zu haben.

Trotzdem sind auch diese „Kompensationsgeschäfte" nicht ungefährlich. Sie können zum einen aus ernst zu nehmenden Kindheitsdefiziten entstanden sein, zum anderen muss ich mich fragen, ob ich den Partner nicht kompensatorisch *missbrauche*, indem ich ihm die seelische „Drecksarbeit" der Fantasie, Emotion, der Courage, der praktischen Lebensbewältigung und vieles andere mehr überlasse und dabei selbst stagniere. Das Leben ist Entwicklung oder, wie das Sprichwort sagt, „alle Kühe sind einmal Kälber gewesen."

Manche Paare gerieren sich auch als „Heckenkinder". Das ist nach Stiemerling der fragwürdige Beziehungswunsch *Wir beide gegen den Rest der Welt,* also die totale Fixierung auf Zweisamkeit. Julia, vierundvierzig, und Helmut, dreiundvierzig, beide Bankangestellte, kamen zu mir, weil ihre Sexualität verkümmert war. Sie hatten keine Kinder und lebten exklusiv nur miteinander. Eigentliche Freunde hatten sie nicht. Außenkontakte in der Freizeit praktizierten sie nur spärlich, unter anderem durch ihre gemeinsame Mitgliedschaft bei den

Rotariern. Durch elterlichen Besitz waren sie wohlhabend. Stolz zeigten sie mir ein Foto ihres Hauses. Was mir sofort auffiel, es war von allen vier Seiten von einer zwei Meter hohen Lorbeerhecke umgeben. Hinter der Einfahrt hatten Julia und Helmut eine Blendwand aus Bambus aufgestellt, damit ein Außenstehender nur ja keinen Blick in das Innere des Anwesens gewinnen konnte.

Julias und Helmuts Ehe war wie eine Käseglocke, in die keine frische Luft von außen dringen konnte. Die beiden lebten im hermetisch isolierten Hochsicherheitstrakt und hatten sich gegenseitig als einzigen emotionalen Bezugsrahmen. Sie wollten sich selbst genug sein. Sie errichteten ein Bollwerk nach außen. Wie siamesische Zwillinge gestanden sie dem anderen keine Intimsphäre, keine Geheimnisse, keinen Freiraum zu. Sie bildeten eine gusseiserne Dyade (von altgriechisch *dys, zwei*), einen Doppelpack mit unbeschränkter Haftung. Sie waren dermaßen miteinander verklebt, dass ein Kind den Rahmen gesprengt hätte.

Zuviel Intimität und erstickende Nähe tötet aber die Sexualität ab, die die Balance von Distanz und Nähe braucht, um ihre Spannung zu erhalten. Das Paar bestand einseitig aus Kohäsion (Bindungshaftung) und fürchtete jegliches Sich-Entfernen des Partners wie der Teufel das Weihwasser. Julia bekannte: „Ohne Helmut kann ich mir mein Leben nicht vorstellen. Er ist die einzige Liebe meines Lebens."

Auch hier war die kollusive Vorgeschichte greifbar. Helmut wurde während seiner ganzen Kindheit durch mehrere, jeweils mehrmonatige Krankenhausaufenthalte hospitalisiert, den Eltern entfremdet und sehnte sich nach nichts mehr als nach einer einzigen, exklusiven Bezugsperson. Julia wiederum war von Kindesbeinen an mit ihrer kränkelnden Mutter eine innige Symbiose eingegangen („Ich war ihre Krankenschwester, sie mein Sorgenkind"), die sie dem Vater entfremdete und ihre Bindungsfähigkeit anderen Menschen gegenüber behinderte.

Auf Julia traf zu, was Stiemerling so ausdrückt: „Die hier beschriebene duale Fixierung zweier Individuen hat ihren Ursprung in der frühen Kindheit und weist auf ein schwerwiegendes Entwicklungsversäumnis hin. In der Fachsprache der Psychoanalyse ist hier von der unterbliebenen ‚Triangulierung' die Rede. Dem Kind war es nicht möglich, aus der Dualunion, der symbiotischen Verschmelzung mit der Mutter, durch das Hinzutreten einer dritten Person (in der Regel des Vaters) auszusteigen und damit zu lernen, dass es außer der primären Bezugsperson auch noch andere liebenswerte Menschen gibt, zu denen Kontakt lohnt."

Jeder von uns ist ein eigentümliches, teils spannendes, teil langweiliges, teils begabtes, teils beschränktes, kurz: manchmal liebenswertes und manchmal schwer aushaltbares Individuum. Diese Faszination und Sperrigkeit müssen wir bei uns selbst wie beim anderen akzeptieren. Sie löst Konflikte aus, aber wir dürfen die Differenz zwischen uns nicht verdrängen. Sonst verraten wir uns. Nietzsche formuliert es (in *Die fröhliche Wissenschaft*) heiter: „Im Grunde weiß jeder Mensch recht wohl, dass er nun einmal als ein Unikum auf der Welt ist und dass kein noch so seltsamer Zufall zum zweiten Mal ein so wunderlich buntes Mancherlei zum Einerlei zusammenschütteln wird."

Ich pflege manchmal, in einer Anwandlung von Selbstkritik, zu meiner Frau zu sagen: „Wenn ich mit mir selbst verheiratet wäre, wäre ich suizidal gefährdet."

Alle Zweisamkeit führt letztlich auf mich selbst zurück. Schuldvorwürfe an den anderen bringen mich nicht weiter. Selbst wenn sie stimmen, muss ich mich fragen: Warum habe ich dich gewählt? Warum halte ich es aus? Warum gehe ich nicht? Wolfgang Hantel-Quitmann bringt (in *Der Geheimplan der Liebe*) das Dauerproblem der Liebe auf den Begriff: „Die Suche nach dem richtigen Partner beginnt und endet bei uns selbst. Nur wer sich selbst kennt, weiß, wonach er suchen muss, oder versteht, warum er sich immer bestimmte Partner aussucht."

Sich selbst kennen zu lernen, das ist die schwierige und lebenslange Aufgabe und die Voraussetzung für eine selbst-bewusste Partnerschaft. Hermann Hesse schreibt im Vorwort zu seinem Jugendroman *Demi-*

an über diese abenteuerliche Spurensuche des Selbst: „Jeder Mensch ist nur er selber, er ist auch der einmalige, ganz besondere, in jedem Fall wichtige und merkwürdige Punkt, wo die Erscheinungen der Welt sich kreuzen, nur einmal so und nie wieder. Darum ist jedes Menschen Geschichte wichtig, ewig, göttlich, darum ist jeder Mensch, solange er irgend lebt und den Willen der Natur erfüllt, wunderbar und jeder Aufmerksamkeit würdig …

Das Leben jedes Menschen ist ein Weg zu sich selber hin, der Versuch eines Weges, die Andeutung eines Pfades. Kein Mensch ist jemals ganz und gar er selbst gewesen, jeder strebt dennoch, es zu werden, einer dumpf, einer lichter, jeder wie er kann. Jeder trägt Reste von seiner Geburt, Schleim und Eierschalen einer Urwelt, bis zum Ende mit sich hin. Mancher wird niemals Mensch, bleibt Frosch, bleibt Eidechse, bleibt Ameise. Mancher ist oben Mensch und unten Fisch. Aber jeder ist ein Wurf der Natur nach dem Menschen hin. Und allen sind die Herkünfte gemeinsam, die Mütter, wir kommen alle aus demselben Schlunde; aber jeder strebt, ein Versuch und Wurf aus den Tiefen, seinem eigenen Ziele zu. Wir können einander verstehen; aber deuten kann jeder nur sich selbst."

Die Wahl des „bösen" Partners:
Die Schöne und das Biest

Warum in die Ferne schweifen,
sieh, das Böse liegt so nah.
Ludwig Marcuse
(1894 – 1971)
Argumente und Rezepte.
Ein Wörter-Buch für Zeitgenossen

Wer kennt nicht den Ausspruch von frustrierten Frauen über die Männer: „Die mir nicht gut tun, die liebe ich, und die, die mir gut tun, die liebe ich nicht." Man ist beeindruckt von ihren Leidenserlebnissen mit den schlimmen Männern. Agnes hat einen Egoisten geheiratet. Charlotte fühlt sich als Müllkippe missbraucht. Beatrice ist an einen Sadisten geraten. Sylvia an einen Alkoholiker. Carla schlägt sich mit einem chronischen Fremdgänger herum. Lara leidet unter einer wahren Kampfmaschine von Mann. Resl, die wir kennen gelernt haben, ist einem Nichtsnutz in die Hände gefallen.

Was für eine Beziehungshölle – in Realität geronnene, abgründige Blaubart-Geschichten. Die Hölle, das ist aus dem Blickwinkel dieser weiblichen Opfer und frei nach Sartre, immer d e r andere: der Mann, der „böse" Partner.

GEHEIMNIS DER PARTNERWAHL

Warum setze ich das Attribut „böse" in Anführungszeichen? Vielleicht aus Komplizenschaft und Solidarität, weil ich selbst ein männlicher Therapeut bin? Weit gefehlt. Die Ausübung der Psychotherapie ist ein Beruf, der Einfühlung, viel Liebe, Wohlwollen und aktives Zuhören erfordert, also weibliche Qualitäten. Ein Macho eignet sich nicht zum Therapeuten. Aber wenn man die eigenen neurotischen Grundhaltungen und die von vielen Klienten kennen gelernt hat, kann man nicht mehr der klischeehaften Unterscheidung von „guten Frauen" und „bösen Männern" folgen. Die Tiefenschichten der Psychologie scheinen weit mehr grau als schwarz-weiß zu sein.

„Der Neurotiker", so lautet ein geflügeltes Psychoanalytikerwort, „zieht sein bekanntes Unglück dem unbekannten Glück vor". Die Wahl des „bösen" Partners ist immerhin einmal eine Wahl gewesen und ist, wenn die Frau ihn auch nach jahrelangem Martyrium nicht verlässt, Wahl geblieben. Natürlich ist, wie wir sahen, die Freiheit des Willens bei der Partnerwahl oft durch kindliche Deformationen und kranke Normative des Unbewussten eingeschränkt. Aber irgendwann einmal ist man erwachsen und für seine Willensentscheidungen verantwortlich. Man kann sie, statt weiter zu jammern, korrigieren. Oft erfüllt die real erduldete seelische Misshandlung auch den verborgenen Zweck, das früh erlebte, kindliche Leid zu überdecken.

Die Frau (oder gegebenenfalls der Mann – wir konzentrieren uns in diesem Kapitel auf die innere Lage der Frau) wählt das gegenwärtige Leid in der Partnerschaft sozusagen als das kleinere Übel. Hans-Joachim Maaz analysiert das (in *Die Liebesfalle*) so: „Das Opfer schlechter Behandlung hat ein tiefes, ihm selbst allerdings in aller Regel unbewusst bleibendes Interesse daran, im Hier und Jetzt unglücklich zu sein ... Nur wer um die mörderische Aggression und den zerreißenden Schmerz weiß, die sich in einem Menschen auf Grund bedrohlicher und verletzender Kindheitserfahrungen aufstauen können, der versteht auch die erduldeten, mitunter auch mitprovozierten destruktiven Verhältnisse, in denen Betroffene später ausharren. Sie brauchen gewissermaßen den schlechten Partner, der durch sein kritikwürdiges Verhalten den aufgestauten Hass und den Schmerz in kleineren Portionen aufsaugen kann ... Der böse Partner wird sozusagen zum Sparringspartner des abklingenden Kampfes gegen Mutter und Vater. Was damals nicht möglich war – sich gegen die Eltern aufzulehnen, sie wegen ihres Tuns oder Unterlassens anzuklagen und ein liebevolleres Verhalten einzufordern –, das wird nun in der Partnerschaft umso heftiger unternommen und ausgetragen."

Der Arzt und Psychotherapeut meint: „Das ehemalige Verhalten der Eltern ist zur inneren Erfahrung geworden, die die Matrix für die Partnerschaftskämpfe liefert. Diese späte Verwechslung endlich zu erkennen ist ein wesentliches Ziel psychotherapeu-

148

tischer Arbeit. Absurd wäre es allerdings, als Konsequenz daraus vom Partner abzulassen und hier und jetzt zur großen Abrechnung mit den Eltern zu schreiten. Es sind die inneren Elternbilder, die entmachtet werden müssen."

Agnes klagt, von ihrem egoistischen Mann ausgebeutet zu werden. Er sehe immer nur sich, sei geizig und tue nichts ihr zuliebe. Sie übertreibt nicht – tatsächlich kompensiert ihr Mann seine armselige Kindheit der elterlichen Vernachlässigung mit rücksichtslosem Egoismus. Aber hat sie ihn nicht gewählt, weil sie selbst eine Opferhaltung hat, aggressionsgehemmt ist und seine Wehrhaftigkeit gegen die Welt einst bewunderte? Erfüllen ihre ständigen Anklagen und ihr habituelles Gejammere nicht den verborgenen Zweck, alles beim Alten zu belassen und sich nicht ändern zu müssen? Liegt das „Böse", wenn man in diesem Zusammenhang den Begriff überhaupt verwenden will, nicht auch und in erster Linie in Agnes? Es gibt die Freiheit eines Christenmenschen, aus unwürdigen Verhältnissen zu gehen, da mag der Papst noch so starrsinnig die Unauflöslichkeit der Ehe beschwören und dem Geschiedenen eine zweite katholische Heirat verwehren.

Warum gehen Frauen oft so achtlos an einem lieben Mann vorbei, der brav ist, ihnen Treue schenken und ein baubiologisch einwandfreies Eigenheim errichten würde? Warum verlieben sie sich stattdessen in einen Quälgeist? Handelt es sich vielleicht um einen versteckten weiblichen Masochismus oder das bekannte *Müllkippensyndrom?*

Charlotte, zweiundfünfzig, Lehrerin, hatte so einen „Müllkippen-Mann". Manfred „externalisierte" die seelischen Verschmutzungen seiner Kindheit, indem er sie aus sich heraus auf den Buckel der bedauernswerten Charlotte lud. Er kotzte seine ganze Dysphorie (chronische Missgestimmtheit) als Sondermüll über sie aus – und regenerierte sich selbst dabei. Hans-Joachim Maaz spricht in diesem Zusammenhang von einer „Partnerschaftsbulimie, bei der die Frau sowohl als Klobecken funktioniert, als auch als ‚vergiftete' Nahrung ausgespieen wird, vor allem dann, wenn sie sich auf eigene Schwächen und Fehler reduzieren lässt".

Manfred brauchte seine Seelenprobleme nicht zu lösen, Charlotte durfte sich im Selbstmitleid suhlen. Sie zog daraus ihren eigenen, seltsam anmutenden Gewinn. Auch in der Schule ließ sie sich von ihrem Direktor als Abladeplatz missbrauchen. Seine schlechte Laune ließ er in der Schulkonferenz bevorzugt an ihr aus. In der Paartherapie musste Charlotte, zu ihrem großen Erstaunen, an ihren eigenen masochistischen Komplex und die dahinter liegenden Verletzungen in der Ursprungsfamilie herangehen. Natürlich bekam auch Manfred in der Therapie einige scharfe Auflagen und „Hausaufgaben" zur „umweltverträglichen" Entsorgung seines persönlichen seelischen Giftmülls.

Beatrice, siebenunddreißig, Krankenschwester, empfand ihren Mann Hubert als Sadisten, und das nicht zu Unrecht. Er war Arzt und stammte aus einem so genannten guten Hause. Er spielte gnadenlos seine höhere Bildung, seine Fremdsprachenkenntnisse und seine Allüren als Golfer mit einem vorzüglichen Handicap aus. Er blamierte sie vor anderen, deckte ihre Wissenslücken auf, kritisierte ihr Aussehen („Du hast einen Hängebusen und Cellulitis"), lachte hämisch über sie und pflegte sie seinen Kollegen als „meine künftige Altenpflegerin" vorzustellen.

Beatrice ließ sich zehn lange Jahre Huberts Demütigungen gefallen. Schließlich gab es da noch den kleinen gemeinsamen Sohn. Warum tat sie das? Sie war Demütigungen in ihrer Familie gewohnt, umso mehr, weil sie die höhere Schule nicht geschafft hatte und in ihrer Jugend mit ihrer körperlichen Pummeligkeit als Mädchen „außer Konkurrenz" war. Sie hatte gelernt, Kränkungen in sich hineinzuschlucken, gute Miene zum bösen Spiel zu machen und sich ein bescheidenes Maß von Anerkennung durch unverhältnismäßige Dienstleistungen zu erkaufen. Ihren sadistischen Dr. med. Mabuse gewann sie durch ihre masochistische Unterwerfung und unbegrenzten Serviceleistungen.

Hubert und Beatrice passten kollusiv wie Schloss und Schlüssel zusammen. Er konnte an ihr seine Menschenverachtung, die er zu Hause erlebt hatte, austoben. Sie befand sich wieder im vertrauten, abwertenden Milieu ihres Elternhauses. Hochsymbolisch gestaltete Beatrice, wohl aus den Tiefen des Unbewussten die Idee schöpfend, die Auflösung ihrer masochistischen Kollusion: Sie schüttete ihrem Peiniger, als er sie zum tausendsten Mal verbal quälte, wortlos den Putzeimer über seinen erlesenen Anzug, packte das Kind unter den Arm und zog ein für allemal aus Haus und Ehe aus. Nie traf der Satz des Menschenkenners und großen Romanciers Honoré de Balzac (1799–1850) so genau wie hier (in *Die Physiologie der Ehe*): „Fast alle haben sich verheiratet, ohne von der Liebe auch nur die allergeringste Kenntnis zu besitzen."

Warum hatte sich das nächste Leidensopfer, Sylvia, einen Alkoholiker gewählt? Bastian war von Anfang an „nass", das heißt offen süchtig. Die Symptome waren nicht zu übersehen. Vierzehn Jahre hielt Sylvia es mit ihm aus, bis sie schließlich aus der Ehe mit ihm ausbrach, weil sie in einer Außenbeziehung einen „Fluchthelfer" gefunden hatte. Mit diesem stabilisierte sich ihr Selbstbewusstsein. Sylvia erlebte eine Renaissance der Gefühle. Sie heiratete nach der sexuellen Affäre („Er war ein erotischer Kurzurlaub für mich") später einen anderen Mann. Ihr Drama mit dem alkoholkranken Bastian, der sich bis zum Schluss weigerte, in eine Entziehungskur zu gehen, verlief unter dem Spannungsbogen „die Schöne und das Biest".

Sylvia hatte von ihrer unterwürfigen Mutter die Botschaft ins Leben mitgenommen, „einen Mann kann man nicht ändern". Zum anderen genoss sie auf einer tieferen Ebene ihres Bewusstseins, der „Gutmensch" gegenüber dem „Biest" von Mann zu sein. Deshalb folgte sie auch nicht dem Rat ihrer Freundin, zu Al-Anon zu gehen, der Selbsthilfegruppe für Angehörige von Alkoholkranken. Ihr neurotischer Gewinn bestand auch darin, die seit Kindheitstagen vertraute Leidensrolle weiterzuspielen und die unbequeme Aufgabe von Konflikt und Selbstbehauptung zu vermeiden. Weibliche Schwäche ist oft auch eine paradoxe Heldenrolle: Kein Mann und schon gar kein Alkoholiker ist so stark wie eine hilflose Frau, die dem geneigten Publikum ihre Schwäche demonstriert.

Carla, dreiundvierzig, Tierärztin, hasste ihren Mann. Valentin war ein chronischer Fremdgänger. Aber sie blieb bei ihm, er bei ihr. Das stand fest wie das Amen in der Kirche. Carla war eher konservativ, Typus CSU-Stammwählerin, er hatte eher eine 68er-Mentalität („Wer zweimal mit derselben pennt, gehört schon zum Establishment"). Für Außenstehende war die aufopferungsvolle Gattin und Tierärztin Carla der Spielball in der Hand eines Schurken. Valentin fungierte als der „böse" Partner. Er war natürlich auch ein Filou.

Genauer betrachtet ergab sich eine *Eifersucht-Untreue-Kollusion*. Je mehr Carla Valentin mit ihrer

153

aus Verlustangst entstandenen kontrollierenden Eifersucht verfolgte und an die Hundeleine zu legen versuchte, umso hartnäckiger und fast schon verzweifelter kämpfte dieser um Autonomie, indem er sich entzog und seine Liebchen frequentierte. Beider Verhaltensweisen schaukelten sich im Sinne der Kollusionstheorie von Jürg Willi symmetrisch hoch. Carla gab zu verstehen: „Ich bin nur so eifersüchtig, weil du so untreu bist". Der Mann konterte: „Ich bin nur so untreu, weil du so eifersüchtig bist."

Jürg Willi sagt (in *Die Zweierbeziehung*) dazu: „Die Einstellungen der Partner sind häufig interdependent (voneinander abhängig – M. J.). Es ist relativ leicht und ungefährlich, sich revolutionär zu gebärden, solange sich der konservative Partner noch genügend um die Erhaltung der Beziehung bemüht. Andererseits treiben aber erzkonservative Partner den anderen oft zur Sprengung der engen Fesseln und zum Versuch, die Abhängigkeit zu zerschlagen, um Bewegung und Entwicklung in die Beziehung hineinzubringen. Beim konservativen Partner erzeugt jeder Entwicklungsschritt und jede Veränderung Angst, gegen die anzukämpfen sich der progressive Partner gedrängt fühlt. So neigt in der Ehe der eine Teil zur Bewahrung des Gewordenen, der andere zur Entfaltung und Veränderung."

„Mein Mann ist bissig wie ein Rottweiler", klagte Lara, „ich muss von Anfang an um alles und jedes

154

mit Christoph kämpfen". Fast hätte ich einseitig mit Lara, vierunddreißig, Computerfachfrau, sympathisiert. Sie wirkte so schmal, zart und bedürftig, dass sie auf Anhieb alle meine konditionierten Reflexe schützender Väterlichkeit auslöste. Vergessen wir nicht, auch der Therapeut mit seinem unbearbeiteten Helfersyndrom und seine rehhafte Klientin befinden sich in der Übertragung/Gegenübertragung möglicherweise selbst in einer Kollusion. Aber die angeblich so schutzbedürftige Lara mit ihrem feinstofflichen Astralleib ließ einen Satz fallen, der mich stutzig machte. Lara: „Als Kind habe ich auch viel gekämpft. Mein Vater bemerkte einmal, ich sei wie eine in die Ecke getriebene Ratte, die um sich beißt."

Die Anamnese förderte einiges Ungemach an das Tageslicht. Lara hatte sich gegenüber den Eltern und unter ihren lautstarken und körperlich überlegenen Brüdern mit äußerstem Einsatz behaupten müssen. Sie hatte ein labiles Selbstbewusstsein und damit die Angst, untergebuttert und als „Dummchen" über den Tisch gezogen zu werden. Kompromisse und Schuldeingeständnisse gab es bei ihr nicht. Sie kämpfte bis zum Umfallen. Opposition war ihr Programm. Die Überlegenheit der Brüder und später die des Mannes auch nur auf irgendeinem Gebiet anzuerkennen, gar zu schätzen, bedeutete für sie Unterwerfung. Bei Christoph geriet Lara an einen ähnlich aggressiv strukturierten Partner. Es war ihr Pech oder vielleicht auch ihre Chance, einen Boxenstopp einzulegen und die alte Raserei zu beenden – was ihr und ihm nach der Paartherapie halbwegs gelang. Als Paartherapeut ist man oft schon über Teilerfolge glücklich.

Wie viel Not und paradoxerweise wie viel depressive Gestimmtheit sich hinter einer äußerlich so lärmigen Konstellation versteckt, beschreibt Dietmar Stiemerling (in *Sehnsuchtsprogramm Liebe*) wie folgt: „Die beschriebene Situation wird dann besonders brisant, wenn die ständige Nötigung zur Stärke die mühselig zurückgedrängten Anlehnungsbedürfnisse aktiviert und die Partner sich eigentlich danach sehnen, loszulassen und in die Arme des anderen zu sinken. Natürlich passiert es dann auch immer wieder, dass die Streithähne ermattet innehalten und sich versöhnen und lieben, aber ein falscher Zungenschlag oder die kleinste Geste einer scheinbaren Bevormundung können sie aus ihrer regressiven Position wieder hochschnellen lassen und in eine heiße Kampfstimmung bringen mit wüsten Beschimpfungen und Hauen und Stechen. Die eben gerade zugelassene Weichheit muss sofort zurückgenommen und durch ihr Gegenteil ersetzt werden.“

Rufen wir uns noch einmal Resl aus dem Allgäu in Erinnerung, die mit ihrem Ewald ins Saarland durchbrannte und erkennen musste, dass er ein „Nichtsnutz“ war. So ganz stimmt das natürlich auch nicht. Sie verriet mir nämlich, dass Ewald gehofft hatte, mit ihr, dem „frischen Landmädchen", seine Unstetigkeit und Trinkerei zu überwinden. Ich hätte Ewald gerne einmal kennen gelernt und seine Version der tollkühnen Liebesentführung gehört. Ein Paar hat immer *zwei* Wahrheiten. Was mir bei Resl deutlich wurde, ist der Umstand, dass Frau und Mann sich in der Beziehung brauchen, gebrauchen, aber auch missbrauchen: Resl wollte aus dem Familiengefängnis heraus. Ewald suchte Heilung. Beide haben für diesen misslungenen Versuch ihren Preis gezahlt.

Was Resl angeht, so weiß ich, dass sie aus der Panne gelernt hat. Was ist daran so furchtbar? Liebeskrisen sind dafür da, dass wir aus ihnen lernen. Dass wir das alte Ich wie eine Schlangenhaut abstreifen. Der Schweizer Schriftsteller Max Frisch schreibt einmal: „Die Krise ist ein produktiver Zustand. Man muss ihr nur den Beigeschmack der Katastrophe nehmen."

Die Wahl des „bösen" Partners ist in Wahrheit oft, wie gesagt, ein *Blaubart-Syndrom* (siehe dazu auch mein Buch *Blaubart. Die Befreiung der Weiblichkeit,* emu-Verlag). Schwach individuierte Frauen neigen dazu, dem vermeintlich starken Mann und seiner Suggestion (der „bläulich schimmernde Bart") zu verfallen. Ihr kleines Ego kompensieren sie in der *anbetenden Kollusion* mit der ach so grandiosen Persönlichkeit ihres Ritter Blaubart. Sie selbst sind naiv, haben wie die junge Blaubart-Frau keine essenziellen Männererfahrungen. Sie tänzeln noch wie Teenager nabelfrei durch die Welt. Sie scheuen das *principium individuationis* (Schopenhauer), die Arbeit, ein eigenes Ich zu entfalten, sich im Geschlechterkampf zu behaupten und sich erst einmal mit sich selbst zu „verheiraten".

Blaubart-Frauen genießen den Luxus und das Versorgtsein an der Seite eines erfolgreichen Mannes. Sie lassen sich in s e i n e m Schloss nieder, unter s e i n e r Ahnengalerie und s e i n e m Regiment. Es dauert lange, bis sie den Mut gewinnen, die Tür zur verborgenen Kammer des maroden gemeinsamen Unbewussten zu öffnen, die „Leichen" im Keller des Beziehungsgebäudes zu entdecken und alle Kräfte gegen den Seelenräuber Blaubart, aber auch den Blaubart in sich zu mobilisieren. Sie machen dann oft eine für sie selbst erstaunliche Entdeckung: Der Blaubart ist gar kein Gigant, sondern eine Charaktermaske, eine hohl tönende, blecherne Schelle.

Dass ich-schwache Frauen dem hypnoiden Sog eines männlichen Kraftmeiers verfallen, das liegt auf der Hand (während Männer umgekehrt oft Angst vor körperlich und geistig starken Frauen haben und sie meiden). Ich habe mich aber immer etwas ratlos gefragt, warum gerade starke Frauen sich in den Fallstricken des „bösen" Partners verheddern. Die Diplompsychologin und Jungsche Psychoanalytikerin Maja Storch hat mir mit ihrem scharfsinnigen Buch

Die Sehnsucht der starken Frau nach dem starken Mann (2002, 7. Auflage) die Augen geöffnet.

„Die Figur des Vaters", sagt sie, „ist für die Frau ein erstes Bild des eigenen *animus*. Ihr erstes Männervorbild, ihre spätere Animusprojektion. Meist ist der Vater ein Patriarch. Das hat schwerwiegende Folgen." Maja Storch: „Da Frauen in unserer Kultur meist einen patriarchalen Animus entwickelt haben, hat der Mann, in den sie sich verlieben, oft ganz bestimmte Qualitäten, die diesem inneren Patriarchen entsprechen. Er ist dann der, der denkt, der autonom lebt, der Verantwortung übernimmt und aktiv wird. Der mit dem Porsche ist halt doch interessanter als der ökologisch Engagierte mit dem Fahrrad und dem Generalabonnement für Bahn und Bus. Der Porschefahrer demonstriert mit seinem Prachtgefährt, dass er finanziell potent ist und steht damit in ihrem Unbewussten als Symbol für den patriarchalen Vater, der eine Familie ernähren kann. Ist es der Unnahbare und Coole, der sie emotional vibrieren lässt? Er repräsentiert in ihrer Psyche das traditionelle patriarchale Bild vom Mann, der seine Gefühle abspaltet."

Frauen suchen sich also einen Mann, der ihrem eigenen inneren Männerbild entspricht. Das sind dann im negativen Fall Egozentriker, Müllkipper, geheimnisvolle Schweiger, Womanizer, aggressive Kämpfer oder Streuner. Maja Storch: „Er ist cool, er unterdrückt seine Gefühle, er hält nichts von weiblicher

Intelligenz, und Feminismus ist ihm ein Horror. Er ist der starke Macker, der Supermacho. Dieses innere Männerbild wird nun auf einen Mann projiziert, der einen geeigneten Projektionsträger darstellt. Als Folge dieses Projektionsvorgangs fühlt sich die starke Frau verliebt."

Gegenüber dem patriarchalen Vater war sie oft das schwache Mädchen. Das ist ihre Schattenfigur. Maja Storch: „In dem Moment, in dem die starke Frau sich in einen starken Mann verliebt, der ihrem inneren Männerbild entspricht, geschieht ein folgenreicher Prozess in ihrem Unbewussten: Das dazu passende unbewusste Frauenbild wird aktiviert, das schwache innere Mädchen tritt auf den Plan. Und in diesem Moment widerfahren der starken Frau all diese Dinge, die sie von ihrer bewussten Einstellung her so abgrundtief hasst. Sie ist rettungslos verknallt und sitzt verloren am Telefon. Der innere Patriarch und das schwache innere Mädchen sind im Unbewussten aufeinander bezogen. Sie bilden das Paar, das die Beziehungsvorstellung der starken Frau insgeheim steuert."

Die starke Frau, die das schwache Mädchen in sich birgt, kann nach Maja Storch in vier unterschiedliche Reaktionsschemata verfallen: Die *Opfervariante*. Die *Fluchtvariante*. Die *Kampfvariante*. Die *Mischvariante* aus Opfer, Flucht und Kampf.

In der *Opfervariante* hat Frau es nicht gelernt, mit sich allein zu sein, Feste mit sich selbst zu feiern. Sie fühlt sich allein nicht überlebensfähig und klammert sich an ihren projektiven Traummann – der sich dann um so mehr entzieht.

In der *Fluchtvariante* macht sie sich aus dem Staub. Das bewahrt sie zwar vor längeren Schmerzen, aber sie läuft vor der notwendigen Klärung fort, entwickelt sich nicht und erkennt oft nicht die Chance eines tatsächlich wundervollen Partners. Da sie ihn mit ihrer Projektion bis zur Unkenntlichkeit verfremdet, lernt sie ihn auch nicht in der Tiefe kennen.

Jennifer, achtunddreißig, Designerin, eine starke Frau mit Fluchttendenzen, gestand mir: „Mein acht Jahre älterer Chef hatte sich in mich verliebt. Wir waren beide ungebunden. Der Mann erschien mir unerreichbar. Er war so stark, fantastisch kreativ und erfolgreich. Als Modemacher liefen ihm ständig die blutjungen hübschen Models nach. Ich hatte Angst, ihn nicht halten zu können. Also faselte ich ihm etwas von einem fernen Freund vor und türmte. Er war mir einfach eine Nummer zu groß. Meine Freundin hielt mir damals eine Gardinenpredigt. ,Du dumme Kuh‘, sagte sie zu mir, ,du bist eine verdammt attraktive und tüchtige Frau. Der Mann kann sich die Finger nach dir schlecken. Keine dieser Laufstegküken kann dir das Wasser reichen. Greif zu, du dumme Nuss, so eine Chance kommt nicht so schnell wieder.' Ich habe dann zugegriffen. Heute kenne ich seine weichen und verletzlichen Seiten, und er schätzt meine Robustheit. Seit vier Jahren sind wir verheiratet."

Esther hat einen Vater gehabt, der sie und ihre Schwestern regelrecht unterjochte. Sie hatte immer gegen ihren Freiheitsverlust durch den Vater kämpfen müssen. Dieses Feindbild projizierte sie nun auf alle Männer. Als sie in Chris einen starken Mann fand, unterstellte sie ihm, sie zur Sklavin machen zu wollen. Sie kämpfte wie eine Löwin. Ihre *Kampfvariante* führte sie in die Irre. Denn der Mann, den sie liebte und unaufhörlich attackierte, war stark u n d friedfertig. Chris dachte gar nicht daran, sie nach der Art ihres Vaters zu dominieren. Sie aber kämpfte statt gegen ihre innerpsychischen Anteile, nämlich ihr destruktives Männerbild, gegen den vermeintlich Schuldigen – ihren Geliebten. Der fühlte sich als Macho diskriminiert und in seinem Wesen nicht wahrgenommen. Chris empfand, um es grob zu sagen, Esther als Kammerjägerin, sich als Ungeziefer. Was hatte er bei dieser Desinfektionskampagne zu gewinnen? Was war, umgekehrt, Esthers Perspektive?

Maja Storch gibt darauf die Antwort: „Er kann entweder weglaufen oder er kann sich unterwerfen. Wenn er wegläuft, ist die Beziehung zur starken Frau sowieso zu Ende, weil der Mann ja nicht mehr da ist. Wenn er sich unterwirft, wird es nicht mehr lange dauern, bis er der starken Frau auf die Nerven geht. Denn sie hat ja einen patriarchalen Animus. Den hat sie auf ihn projiziert, darum hat sie sich in ihn verliebt und jetzt hat sie es mit einem Schwächling zu tun und hat keinen starken Mann mehr. Der Wolf wurde domestiziert und ist kein Wolf mehr, sondern ein Schoßhündchen. Darum kann sie ihn nicht mehr lieben. Sie kann ihn so lange nicht lieben, wie sie nicht an ihrem schwachen inneren Mädchen und an ihrem *animus* gearbeitet hat."

Die *Mischform* von Opfer, Flucht und Kampf der starken Frau provoziert Aufruhr, Kapitulation, Hingabe, dramatische Auszüge, Streit, Versöhnung und immer wieder aufbrechende Feindseligkeiten. Ein solches permanentes Kräftemessen ist erschöpfend. Die starke Frau droht, sich im Irrgarten dieser Gefühle zu verlieren. Maja Storch: „Je geheimer, das heißt in der Tiefenpsychologie je unbewusster, Bewertungen verlaufen, um so tückischer sind die Auswirkungen, die sie auf unsere Lebensführung haben müssen. Es scheint dann, als wäre unser Schiff auf der weiten See des Lebens nicht von uns, sondern von einem geheimen Steuermann gesteuert." Mit Shakespeare zu sprechen: „Ist's Wahnsinn auch, so hat es doch Methode."

Der Schatten steht also immer mit am Ruder, wie Maja Storch es formuliert. Das gilt nach C. G. Jung in zweifacher Hinsicht. Einmal beinhaltet der Schatten unser Ungelebtes, die schlummernde Potenz und Sehnsucht in uns, das Draufgängerische und Wilde, das endlich ans Tageslicht kommen will. Wenn ich geizig bin, steckt tief in mir der Verschwender. Wenn ich prüde bin, die Lüsterne. Maja Storch veranschaulicht dies brillant: „Die Faustregel lautet: je extremer die bewusste Einstellung, desto extremer der Schatten, der die gegenteilige Position vertritt. Der Mann, der immer fleißig gearbeitet hat und zuverlässig für seine Familie da war und vom Zigarettenholen nicht wiederkommt, wurde von seinem Abenteurerschatten eingeholt, die anspruchslose und fleißige Hausfrau, die Mann und Kinder verlässt, um mit einem karibischen Tänzer zu leben, genauso … Im Unbewussten besteht die Tendenz, den Menschen nicht einseitig werden zu lassen. In der Jungschen Psychologie spricht man von dem Streben nach Ganzheit, welche durch das Unbewusste vertreten wird."

In diesem Sinn können wir den „positiven" Schatten gleichsam als fruchtbaren Dünger für unser seelisches Wachstum nutzen. Demgegenüber gilt es für die Frauen (und natürlich umgekehrt auch für den Mann), ihre irreale und unbewusste *animus*-Projektion zurückzunehmen, das heißt an die Stelle ihres inneren, falschen und irreführenden Männerbildes die ungetrübte Wahrnehmung des Mannes zuzulassen. Vielleicht lebt dieser ja auch Seelenanteile wie Risikofreude, anarchische Lebenslust und sexuelle Waghalsigkeit, die sie noch selbst als Ungelebtes in ihrem „Schattengepäck" entdecken darf.

Sicher wird die Frau dabei auch die zwiespältige und dunkle Schattenseite ihres Mannes kennenlernen. Das gibt ihr aber auch die Chance, ihre eigenen Abgründe und Dunkelheiten zu reflektieren. Sie kann diese Schattenarbeit nutzen, um in sich selbst Gut und Böse zu erkennen und zu akzeptieren. Ein solcher Prozess wäre ganz im Sinne des chinesischen Denkers Konfuzius (551–479 v. Chr.). Von ihm ist (in *Gespräche*) überliefert: „Das Böse in sich selbst bekämpfen und nicht erst das Böse in anderen angreifen – hieße das nicht, die Bosheit ausmerzen?"

Manchmal kommt „das Böse" allerdings wirklich realiter von außen. Simone de Beauvoir hat in diesem Fall einmal von der Männerseite her gedacht. Sie formuliert (in *Das andere Geschlecht*, 1948) mit robustem Sarkasmus: „Die Ehe ist auch für den Mann Unterjochung. In ihr gerät er in die Falle, die die Natur ihm stellt: Weil er ein blühendes junges Mädchen geliebt hat, muss er ein Leben lang eine dicke Matrone, eine vertrocknete Alte ernähren."

Das Konzept der Selbsterweiterung:
Der Partner als Entwicklungshelfer

*Vielleicht liegt die Erfüllung erwiderter Liebe in der
Leidenschaft, sich gegenseitig zu verwandeln, zu
verschönern, in einem Vorgang, vergleichbar einem
künstlerischen Akt.*

Paul Valéry (1871–1941)
Cahiers

Paare ziehen sich hinauf oder hinunter. Negativ ist,
dass manche Paare, wenn sie in die Jahre kommen,
leib-seelisch wie Ruinen wirken. Sie haben verstei-
nerte Gesichter. Sie sind fehlernährt, übergewich-
tig. Die Männer sind oft vom „Bierchen" und den
zehntausenden Zigaretten, die sie in ihrem Leben
gequalmt haben, gezeichnet. Paare lassen sich vor-
einander gehen und schweigen sich wie zwei Grab-
stätten an. Vielleicht können Sie sich, liebe Leserin,
lieber Leser, noch an den Beziehungssong von
Charles Aznavour über sein „weibliches Wrack" erinnern. Mich hat das Entsetzen gepackt, als ich, von
einer Klientin dazu angehalten, den Text einmal
„verkehrt herum", also als den Schwanengesang
einer enttäuschten Frau über ihren schlaff gewordenen, sich verwahrlosenden Mann, las:

Du bist so komisch anzusehn.
Denkst du vielleicht, das find ich schön,
Wenn du mich gar nicht mehr verstehst

167

- ENTWICKLUNGSHILFE -

Und mir nur auf die Nerven gehst.
Ich trinke schon die halbe Nacht
Und hab mir dadurch Mut gemacht,
Um dir auch heut endlich zu gestehn:
Ich kann dich einfach nicht mehr sehn;
Mit deiner schlampigen Figur
Gehst du mir gegen die Natur ...

Paare können sich aber auch auf wundersame Weise hinaufziehen, wenn sie sich gegenseitig als *Entwicklungshelfer* dienen. Dies habe ich bei dem fünfundvierzigjährigen Paar Janosch und Michaela erlebt, die ich als letzte Fallvignette vorstellen will. Ich hatte meine helle Freude an diesen reifen Liebenden. Sie waren nicht wegen eines Beziehungskonfliktes zu mir in die Beratung gekommen. Es trieb sie vielmehr die Frage um, ob sie zusätzlich zur Betreuung ihres behinderten siebenjährigen Sohnes noch die Pflege von Michaelas dement gewordener Mutter im eigenen Haus auf sich nehmen sollten.

Michaela und Janosch hatten sich prachtvoll aneinander entwickelt. Janosch, ein Hüne von Mann, gebürtiger Pole und gefragter Segelbootbauer, berichtete auf meine Nachfrage nach ihrer deutsch-polnischen Paarsynthese mit Wärme in der Stimme: „Ich war von Michaela gleich entzückt, als ich sie als Buchhalterin in einer Modellbauschreinerei entdeckte, in der ich nach meiner Übersiedelung eine zweite Berufsausbildung begann. Ich war ursprünglich Koch. Ich war in praktischen Dingen geschickt, aber völlig ungebildet in musischen Dingen. Michaela hat mich mächtig aufgemöbelt. Sie ist ein Bücherwurm. Sie liest unermüdlich und verfolgt die Literatur von der Klassik bis zur Moderne, von den deutschsprachigen Erzählern bis zur europäischen und amerikanischen Literatur. Wir haben heute eine stattliche Bibliothek von etwa tausend Bänden. Ich sage wir, weil mir das Lesen inzwischen auch zur Leidenschaft geworden ist. Michaela hat mich angesteckt. Sie hat nie über mich gelacht oder mich mit meiner damaligen Ignoranz gedemütigt. Sie war eine richtig geduldige Lehrerin für mich. Heute könnte ich ohne Literatur nicht mehr leben. Ich schreibe sogar selbst kleine Gedichte. Die schenke ich ihr dann. Sie lobt mich, als wäre ich der junge Rilke. Auch Musikhören hat sie mir beigebracht, wozu ich am Anfang gar kein Sitzfleisch hatte. Sie spielt nämlich Klavier. Sie kann mir den Aufbau einer Sonate oder einer Sinfonie erklären. Ich hätte nie gedacht, dass ich mich eines Tages sogar für Musikgeschichte erwärmen könnte. Michaela hat aus mir einen neuen Menschen gemacht."

Michaela hatte ein Gespür für die Wachstumsmöglichkeiten ihres Mannes gehabt und ihm geholfen, seine Seele zu bereichern und eine gebildete Persönlichkeit zu werden. Aber auch sie profitierte von Janoschs reichen Persönlichkeitsanteilen. Michaela protestierte etwas gegen die begeisterte Darstellung von Janosch: „Da komme ich mir ja wie die Bewährungshelferin vor. So war es ja nun nicht. Sicher, ich

170

komme aus einem musischen Elternhaus und habe trotz meines betriebswirtschaftlichen Studiums meinen kulturellen Interessen großen Raum gegeben. Aber als ich Janosch kennen lernte, war ich weltfremd, sportlich eine lahme Ente und handwerklich eine Niete. Ich konnte kein Bücherregal an die Wand dübeln oder meine Wohnung tapezieren oder einen Ikea-Schrank zusammenbauen. Das hat mir alles Janosch beigebracht. Heute bin ich eine begeisterte Hobbyschreinerin."

Michaela war von Janosch fasziniert: „Betrachte mal seine feinen schlanken Hände. Er hat Gold in diesen Händen. Alles, was er mit seinem Lieblingsmaterial, dem Holz, schnitzt, formt, hobelt, zusammenfügt, ist schön, fast ein Kunstwerk. Dabei ist er so bescheiden. Ich habe von ihm Handwerken, Segeln, Surfen und Tauchen gelernt. Ich habe meine Zimperlichkeit über Bord geschmissen. Durch Janosch habe ich auch begriffen, dass mir im Leben nicht alles auf dem Tablett serviert wird, wie ich das in meiner Beamtenfamilie gewöhnt war. Durch ihn weiß ich heute, dass das Leben eine Herausforderung ist und manchmal mit harten Bandagen erkämpft werden will. Durch Janosch habe ich körperliche und seelische Muskeln bekommen.

In der Fürsorge für unseren behinderten Sohn ist er unübertrefflich. Der Junge ist ein Spastiker. Als sich das bei ihm im Kindergarten herausstellte, war ich verzweifelt. Ich fiel in eine Depression. Janosch war es, der mir mit den Worten Mut gab: ‚Keine Angst, wir schaffen das schon.' Auch wenn wir beiden Sturköpfe uns manchmal heftig streiten, ist dieser Mann doch ein Wunder. Findest du nicht auch?"

Was blieb mir anderes übrig, als zu nicken. Beide waren wunderbar, oder wie Goethe in *Die natürliche Tochter* sagt: „Denn wenn ein Wunder auf der Welt geschieht, geschieht's durch liebevolle, treue Herzen."

Janosch und Michaela praktizierten in ihrer jeweils vom anderen stimulierten und unterstützten Identitätsarbeit das, was in der Paartherapie das *Konzept der Selbsterweiterung* genannt wird. Es ist eben nicht so, dass in der Paarbildung jeder den anderen kurzerhand und vollständig so akzeptieren muss, wie er ist, und beide unverrückbar wie zwei Hochhäuser nebeneinander stehen. Eine solche Auffassung verkennt die gewaltige Chance der Paardynamik, der Paarevolution und der Paarsynthese.

Als wäre dies alles nicht schon kompliziert genug, entwickeln wir unseren Charakter nicht im luftleeren Raum und als isolierter Fremdkörper, sondern innerhalb eines vielfältigen Netzes von Beziehungen, eines gewaltigen, sich ständig wandelnden und neu befruchtenden sozialen Organismus namens Gesellschaft. Das darin geborgene Potenzial an Lebenswegen und Entwicklungsmöglichkeiten bietet unendliche Chancen, uns zu begegnen und uns zu finden. Natürlich ist die Grundakzeptanz der gegenseitigen Verschiedenheit zweier Menschen eine Voraussetzung für die Liebe, andernfalls üben wir schnell eine Erziehungsdiktatur aus und vergewaltigen damit den Partner.

Die Liebesbeziehung ist vor allem ein Schmelzofen unseres charakterlichen Rohmaterials. Wir sind suchende und unfertige Menschen. In und durch die Beziehung verwirklichen wir unsere schlummernden Potenziale, brechen zu neuen Entwicklungen auf und erleben durch das alltägliche, wirkmächtige Vorbild des anderen wundersame Metamorphosen.

Das Denken und Sprechen des Partners sickert wie ein warmer Mairegen in den Ackerboden unserer Seelenlandschaft. Jürg Willi sagt dies (in *Was hält Paare zusammen? Der Prozess des Zusammenlebens in psycho-ökologischer Sicht,* 1991) sehr schön: „Es ist, als würde man erkennen: Dieser Partner macht es möglich, meine innere Kammer aufzubrechen, in neues Leben vorzudringen und mir neue Entwicklungsschritte zuzutrauen. Die Begegnung der Liebenden spricht persönliche Möglichkeiten an, die brach lagen, weil niemand nach ihnen rief und niemand sie brauchte. Die Liebe entzündet sich nicht an dem, was schon da ist, sondern an dem, was durch die Beziehung hervorgerufen und ins Leben hineingeholt werden möchte. Liebe vermag zu schaffen, was aus eigener Kraft nicht möglich war, Liebe vermag freizusetzen, was gebunden war. Liebe vermag den anderen in seinem innersten und verborgensten Potenzial zu mobilisieren."

Der *antipathische* Blick eines Menschen, verkleinert uns. Der *sympathische* macht uns größer. Janosch und Michaela sagten mit jeweils anderen Worten das Gleiche. Janosch: „Ich sprach, als ich hierher kam, nur gebrochen deutsch. Ich konnte oft nicht ausdrücken, was ich meinte, besonders dem Chef und den Kollegen gegenüber, aber auch bei den neuen deutschen Freunden. Ich kam mir dumm vor. Michaela hat mir Mut gemacht. Sie sah meine Zukunftsmöglichkeiten in mir und half mir zu meiner Befreiung. Sie hat nicht nur unseren Sohn, sondern auch ein Stück weit mich neu geboren." Michaela kämpfte mit den Tränen, als sie erwiderte: „Du bist so ein Lieber. Du hast immer an mich geglaubt und meine Stärke aus mir herausgeholt. Du hast mich erst richtig auf den Weg gebracht."

Man kann diese paarsynthetischen Entwicklungsleistungen nüchtern mit Erkenntnissen der modernen Gehirnphysiologie begründen. Sie spricht von der empathischen und imitatorischen Kraft unserer Spiegelneuronen. Das heißt: Wenn der Partner weint, werden auch bei uns die Tränen locker. Wenn er uns etwas vormacht, eine Schraube in die Wand dübelt oder ein Buch mit dem Bleistift markiert, so ahmen wir das über den Weg unserer Spiegelneuronen nach.

Man kann das aber auch etwas poetischer und psychologischer deuten, wie dies Verena Kast in einem ihrer frühesten Bücher *Beziehungsfantasien oder: Wie Götter sich in Menschen spiegeln* (1984) formuliert: „Vielleicht entsteht Liebe nur dann, bricht Liebe nur dann auf, wenn wir in einen geliebten Menschen seine besten Möglichkeiten hineinsehen und aus ihm herausheben können." Und: „Jeder Mensch, der uns fasziniert, liebt aus uns etwas heraus, spricht etwas in unserer Psyche an, was dann in das Leben hereingeholt werden kann."

Die Partnerwahl mit all ihren Unwägbarkeiten kann dann zum Treibsatz der gemeinsamen Entwicklung werden.

Allerdings gibt es keine unumstößliche Pflicht zur Partnertreue, wenn sie sich als unheilbar kollusiv und neurotisch erweist. Hans-Joachim Maaz mahnt hier (in *Die Liebesfalle*): „Wenn keine gemeinsame Arbeit an der Beziehung mehr gelingt und die Chronifizierung der Störungen droht, würde ich sogar von einer Pflicht zur Trennung sprechen. Denn mit dem Festhalten an einer qualvollen Beziehung macht sich jeder der beiden schuldig, nicht nur sich selbst, sondern auch dem Partner die Entwicklungschancen zu erschweren. In der Regel werden dann auch die Kinder, soweit vorhanden, zu Opfern der Trennungsangst der Eltern."

Hierzu gibt es einen makaberen Psychologenwitz: Steht ein neunzigjähriges Paar vor dem Scheidungsrichter. „Warum haben Sie sich denn nicht früher zur Trennung entschieden?", fragt fassungslos der Richter. Antwortet der Ehemann: „Wir wollten das unseren Kindern nicht antun. Wir haben gewartet, bis sie gestorben sind."

Wenn ich meinen eigenen Schatten erkenne, so werde ich duldsamer für den Schatten des anderen. Die Alternative zur projektiven Idealisierung des Partners ist nicht seine Entwertung, sondern seine realistische Wahrnehmung, das heißt die Akzeptanz seiner hellen und dunklen Aspekte. Janosch lässt in diesem Sinn Michaelas schlummernde Depressivität in seiner wohlwollenden Wahrnehmung achtsam zu. Michaela akzeptiert seinen gelegentlichen Hang zu Minderwertigkeitskomplexen und Selbstzweifeln.

Nur wenn ich in mir selbst reife, kann ich die neurotische Kollusion und die Projektion meiner eigenen Verdrängung hinter mir lassen. Nicht länger werfe ich dem Partner die Lebenslust, die illusionslose Vernunft, die Sparsamkeit, die Nüchternheit oder die erotische Vitalität vor, die ich selbst nicht zu leben wage. Ich eigne mir diese Eigenschaften selbst an und gewinne mehr Ganzheit. Ich entlasse meinen Partner aus der Mutter- oder Vaterrolle. Ich stelle eine heilende Beziehung zu meinen Eltern her. Ich stelle eine nahrhafte Beziehung zum eigenen Geschlecht her, damit ich mich endlich als wirklich männlich oder authentisch weiblich fühlen kann.

Ich entdecke mich selbst als kostbares Individuum und baue mir eine eigenständige Welt auf. Ich bin ein *getrenntes*, eigenständiges Individuum und ein *verbundener* Liebender. Es ist paradox, aber wahr: Nur Getrennte können lieben. Michael Mary betont (in *Und sie verstehen sich doch! 10 neue Lügen, die Liebe betreffend*): „Begegnung und Verschmelzung sind entgegengesetzte Konzepte. Verschmelzung will individuelle Identität auflösen, Begegnung will sie bestehen lassen. Verschmelzung führt zum Verschwinden individuellen Daseins, Begegnung ist auf die Unterschiede zwischen den Partnern angewiesen." Und: „Es geht darum, für den Partner erkennbar der zu sein, der man ist. Schließlich will man als dieser Mensch geliebt werden, und nicht als angepasster Partner."

Ich bin gut abgegrenzt und zugewandt zugleich. Was ich vom Beruf kenne, die Kunst und die Notwendigkeit des lebenslangen Lernens, übertrage ich auf das Gebiet des partnerschaftlichen Miteinanders. Unsere Liebe versöhnt mich mit mir selbst.

Knüpfen wir an der ursprünglichen Paarutopie an. Zwar ist das Land Utopia (von altgriechisch *atopos, nicht an seiner Stelle*) eine Art Fata Morgana, aber vielleicht geht es uns dabei wie Kolumbus. Er suchte nach einem Seeweg nach Indien und fand Amerika.

Zum Realismus der Liebesarbeit gehört die Klarheit. Unklare Worte sind wie ein trüber Spiegel. Julia Onken sagt es in ihrem schönen Liebesführer *Wenn du mich wirklich liebst. Die häufigsten Beziehungsfallen und wie wir sie vermeiden* (2001) handfest: „Je deutlicher wir sagen, was wir wollen, um so besser gelingt es dem Gefährten, das zu schenken, was wir uns erhoffen. Wenn wir es bereits verlernt haben, offen darüber zu sprechen, greifen wir doch einfach auf eine vielleicht vergessene Form des Wünschens zurück und schreiben einen Wunschzettel. So bekommt der andere konkrete Anhaltspunkte. Zugleich ist es ein gutes Training, wieder zu begreifen, wie wichtig es ist, die Sache klipp und klar beim Namen zu nennen."

Gefahrlose Liebe gibt es nicht. Die Liebe ist eine Suchbewegung. Die fast unlösbare, spannungsvolle Aufgabe ist es, mit dem/der Geliebten zusammen zu sein und dennoch man selbst zu bleiben. Michael Mary definiert diese Grundspannung so: „Individualität und Liebe bedingen sich gegenseitig, gleichzeitig aber schließen sie sich aus. Indem Verbundenheit entsteht, wird Individualität aufgelöst, und um Liebe zu ermöglichen, muss Individualität erhalten bleiben."

Liebe Leserin, lieber Leser, bewege all dies in deinem Herzen. Und vergiss nicht, mit deinem Geliebten, deiner Geliebten auch einmal über seine/ihre „Entwicklungshilfe" an dir zu sprechen – und ihm/

ihr dafür zu danken. Vielleicht geht es dir am Ende wie Adam und Eva bei Mark Twain. Twain (1835–1910) lässt in seiner Paradiessatire *Nach dem Sündenfall* Eva sich über Adam beschweren. Sie sagt: „Ich liebe ihn nicht wegen seines Fleißes – nein, beileibe nicht. Ich glaube, der steckt in ihm, aber ich weiß nicht, warum er ihn vor mir verbirgt … Ich liebe ihn nicht seiner Bildung wegen – nein, beileibe nicht. Er hat sie sich selbst angeeignet und weiß wirklich eine Menge, aber er sitzt vielen Irrtümern auf. Ich liebe ihn nicht wegen seiner Ritterlichkeit – nein, beileibe nicht. Er hat mich verpetzt, das mache ich ihm nicht zum Vorwurf; ich glaube, es ist eine Eigenheit seines Geschlechts, und er hat sein Geschlecht nicht gemacht."

Aber warum liebt sie ihn dann? Eva findet die Lösung: „Er ist stark und sieht gut aus, darum liebe ich ihn, ich bewundere ihn und bin stolz auf ihn, aber ich könnte ihn auch ohne diese Eigenschaften lieben; wäre er hässlich, ich würde ihn auch lieben; wäre er ein Krüppel, ich würde ihn lieben und ich würde für ihn arbeiten, mich für ihn zerreißen und für ihn beten und an seinem Bett wachen, bis zu meinem Tod. Ja, ich glaube, ich liebe ihn nur, weil er m e i n und weil er ein M a n n ist."

Natürlich hat sich auch Adam oft über seine Frau geärgert. Vierzig Jahre später steht er an Evas Grab. Mark Twain lässt ihn seufzen: „Wo sie war, war das Paradies."

Ein Verlag, ein Haus, eine Philosophie.

Millionen Bundesbürger kennen den kämpferischen Ganzheitsarzt Dr. Max Otto Bruker (1909–2001) aus dem Fernsehen, aus Vorträgen, durch den „Mundfunk" überzeugter Patienten. Vor allem lesen sie aber die rund 30 Bücher des schwäbischen Humanisten und Seelenarztes. Mit einer Gesamtauflage von über drei Millionen Exemplaren ist Max Otto Bruker der wohl bedeutendste medizinische Erfolgsautor im deutschsprachigen Raum. Der – in der Nachfolge des Schweizer Reformarztes Bircher-Benner scherzhaft „Deutschlands Vollwertpapst" genannte – Massenaufklärer, langjährige Klinikchef und Ernährungsspezialist lehrt zwei fundamentale Erkenntnisse Patienten wie Gesunden: Der Mensch wird krank, weil er sich falsch ernährt. Der Mensch wird krank, weil er falsch lebt.

Hinter den Erfolgstiteln des emu-Verlages steht ein bedeutender Forscher und Arzt, eine Bewegung, ein Haus und tausende Schülerinnen und Schüler. 1994 wurde das „Dr.-Max-Otto-Bruker-Haus", das Zentrum für Gesundheit und ganzheitliche Lebensweise, auf der Lahnhöhe in Lahnstein bei Koblenz bezogen. Es stellt die äußere Krönung des Brukerschen Lebenswerkes dar: Der lichte Bau mit seinem Grasdach, den Sonnenkollektoren und den Wasserrecyclinganlagen, seinen Seminarräumen, dem Foyer mit der Glaskuppel und dem liebevollen Biogarten ist als Treffpunkt für all jene konzipiert, denen körperliche und seelische Gesundheit, ökologische und spirituelle Harmonie Herzensbedürfnis und Sehnsucht sind.

Hinter dem eleganten Halbmondkorpus mit dem markanten Grasdach verbirgt sich eine Begegnungsstätte für Gesundheitsbewusste, Seminarteilnehmer, Trost-, Ruhe- und Anregungsbedürftige.

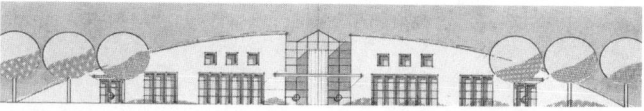

Das Dr.-Max-Otto-Bruker-Haus

Feste Termine:

Jeden Dienstag, 18.30 Uhr: Vortrag Dr. phil. Mathias Jung (Lebenshilfe und Philosophie)
Jeden Mittwoch, 10.30 Uhr: Fragestunde mit Dr. med. Birmanns (Ärztlicher Rat aus ganzheitlicher Sicht)

Ausbildung Gesundheitsberater/in GGB
Lebensberatung/Frauen-, Männer- und Paargruppen

Die vitalstoffreiche Vollwertkost hat ihre Verbreitung, auch im klinischen Bereich, durch die unermüdliche Information und praktische Durchführung von Dr. M. O. Bruker gefunden. Um die Erkenntnisse gesunder Lebensführung und die durch falsche Ernährung provozierte Krankheitslawine ins öffentliche Bewusstsein zu rücken, bildet die von ihm 1978 gegründete „Gesellschaft für Gesundheitsberatung GGB e.V." Gesundheitsberaterinnen und Gesundheitsberater GGB aus. Über 4000 Frauen und Männer haben bislang die berufsbegleitende Ausbildung bestanden und wirken in Volkshochschulen, Bioläden, Lehrküchen, Krankenhäusern, ärztlichen Praxen, Krankenversicherungen und ähnlichen Bereichen.

Auf der Lahnhöhe erhalten sie durch das GGB-Expertenteam nicht nur eine sorgfältige Grundlagenausbildung über die vitalstoffreiche Vollwerternährung und den Krankmacher der „entnatürlichten" (denaturierten) Zivilisationsernährung (raffinierter Fabrikzucker, Auszugsmehle, fabrikatorische Öle und Fette, tierisches Eiweiß usw.), sondern gewinnen auch Einblick in die leibseelischen Zusammenhänge der Krankheiten.

Anfragen zur Gesundheitsberater-Ausbildung wie zu den Selbsterfahrungsgruppen, Lebensberatung, Paartherapie und Psychotherapie bei Dr. Mathias Jung und weiteren Tages- und Wochenendseminaren sowie Einzelberatung sind zu richten an die Gesellschaft für Gesundheitsberatung GGB e.V., Dr.-Max-Otto-Bruker-Str. 3, 56112 Lahnstein (Tel.: 0 26 21/91 70 10, 91 70 17, 91 70 18, Fax: 0 26 21/91 70 33).
E-Mail: seminare@ggb-lahnstein.de
Internet: www.ggb-lahnstein.de

Fordern Sie ebenfalls ein kostenloses Probe-Exemplar der Zeitschrift „Der Gesundheitsberater" an.

Von Dr. Jung sind im emu-Verlag bisher in der
„blauen reihe" erschienen:

Von Dr. Jung sind im emu-Verlag bisher in der „roten reihe" erschienen:

Mathias Jung

FreiRaum

Ein Zimmer für mich allein

Selbstbestimmung und
Freiheit in der Partnerschaft

Mathias Jung

Außen Beziehung

Ende oder Neubeginn der Liebe?
Über „Treue" und „Untreue"
in der Partnerschaft.

Mathias Jung

EiferSucht

ein Schicksalsschlag ?

Von Liebe, Freiheit
und Besitzgier

Mathias Jung

Aussichts Los

Selbsttötung

Vorbeugung und
Hilfe für Gefährdete
und Angehörige

Mathias Jung

Bindungs Angst

Die Strategie des Selbstboykotts

Mathias Jung

Über Gewicht

Der Kampf mit dem eigenen Körper

Mathias Jung

KrankSein

und GesundWerden

Das Rätsel psychosomatischer Krankheiten

Von Dr. Jung sind im emu-Verlag bisher in der „gelben reihe" erschienen:

Von Dr. Jung sind im emu-Verlag bisher in der
Sprechstunden-Reihe erschienen:

Von Dr. Jung sind im emu-Verlag bisher in der
Sprechstunden-Reihe erschienen:

Von Dr. Jung sind im emu-Verlag bisher in der Sprechstunden-Reihe erschienen:

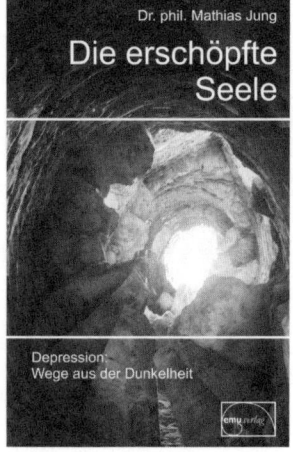

Von Dr. Jung sind im emu-Verlag bisher in der Sprechstunden-Reihe erschienen:

Von Dr. Jung ist im emu-Verlag eine Bibelinterpretation nach Walther H. Lechler erschienen:

Von Dr. Jung sind in Zusammenarbeit mit Andrea Montermann (Illustrationen) folgende Titel erschienen:

Von Dr. Jung sind im emu-Verlag folgende Vorträge als Audiokassetten bzw. CDs erschienen:

Lebensberatung

○ Mein Charakter – mein Schicksal?*
○ Die erschöpfte Seele – Depression*
○ Das Verdrängte in unserer Seele
○ Die Wunde der Ungeliebten
○ Das Nein in der Liebe
○ Was ist der Sinn des Lebens?
○ Meine Sprache – meine Seele
○ Söhne brauchen Väter
○ Krankheit als Kränkung und Anpassung
○ Eifersucht – ein Schicksalsschlag?*
○ Der Mann – ein emotionales Sparschwein*
○ Geschwisterliebe – Geschwisterrivalität*
○ Verlassen und verlassen werden
○ Neurodermitis – Fehlernährter Körper – Aufgekratzte Seele
○ Das sprachlose Paar*
○ Zweite Lebenshälfte – Endlichkeit und Aufbruch
○ Das Drama der Trennung*
○ Ein Zimmer für mich
○ Mut zur Angst
○ Sexualität – Lust und Last
○ Außenbeziehung – Krise oder Chance
○ Liebesverträge in der Beziehung
○ Lob der Einsamkeit
○ Aggressionen unter Liebenden
○ Mehr Zeit für mich
○ Alkoholkrank: Der Betroffene und seine Familie
○ Lebensbedingte Krankheiten nach Dr. M. O. Bruker
○ Meditation: Freude Angst – Hoffnung

○ Alter und Tod. Rätsel der Natur
○ Verzeihen und Versöhnen*
○ Frieden mit den Eltern
○ Das Paar im Wandel: Jugend, Mitte, Alter
○ Sexueller Missbrauch
○ Seele – Sucht – Sehnsucht*
○ Organtransplantation – Sterben auf Bestellung?
○ Humor und Zärtlichkeit
○ Suizid – der Betroffene und die Angehörigen
○ Übergewicht – der Kampf mit dem eigenen Körper
○ Das Rätsel psychosomatischer Krankheiten*
○ Arbeit – Fluch oder Lebenselixier

Märchen

○ Der kleine Prinz – mein verschüttetes Ich*
○ Froschkönig – Glück und Zähneklappern der Liebe
○ Das verletzte Kind in mir oder Hans mein Igel*
○ Sein und Schein oder Des Kaisers neue Kleider
○ Schneewittchen oder Das Drama des Neides
○ Siddharta: das Rätsel des Lebens*
○ Eisenhans oder Wie ein Mann ein Mann wird
○ Das tapfere Schneiderlein oder Mut zum Leben
○ Eigensinn oder Die Möwe Jonathan

* auch als CD erhältlich

- Elternablösung – Hänsel und Gretel*
- Außenseiter – Das hässliche Entlein*
- Befreiung der Weiblichkeit – Das Märchen Blaubart*
- Tödliches Schweigen – Der Fischer und seine Frau
- Schneewittchen – Der Mutter-Tochter – Konflikt
- Dornröschen – Das Erwachen zur Frau*
- Das kalte Herz – Ein Männermärchen*
- Rapunzel – Der Prozess der Ablösung

- Feuerbach oder Die Sache mit Gott
- Marx oder Die Entfremdung des Menschen
- Schopenhauer oder Die Qual des Seins
- Nietzsche oder Die Hymne auf das Leben
- Heidegger oder Die Angst
- Jaspers oder Die Weltphilosophie
- Hannah Arendt oder Vom tätigen Leben
- Bloch oder Das Prinzip Hoffnung
- Popper oder Die offene Gesellschaft
- Sartre oder Die Freiheit

Philosophie

- Sokrates oder Die Norm meines Gewissens
- Seneca oder Die Freude des Augenblicks
- Augustinus oder Der Zwiespalt
- Giordano Bruno oder Die neue Welt
- Montaigne oder Das Leben als Meisterstück
- Descartes oder Der Januskopf der Wissenschaft
- Spinoza oder Das Abenteuer der Diesseitigkeit
- Hobbes oder Die Zähmung der Bestie Mensch
- Leibniz oder Die Beste aller Welten
- Hume oder Das Ende des dogmatischen Schlummers
- Voltaire oder Die Waffe des Geistes
- Kant oder Die Mündigkeit
- Hegel oder Der Fortschritt

Literatur

- Lessing – Die Toleranz
- Wieland – Die Aufklärung
- Goethe – Dichtung und Wahrheit
- Schiller – Der Atem der Freiheit
- Jean Paul – Humor und Menschenliebe
- Hölderlin – Griechenland mit der Seele suchen
- Kleist – Die Zerrissenheit des Menschen
- Novalis – Die blaue Blume der Romantik
- Eichendorff – Posthorn und Waldesrauschen
- Hauff – Die Magie der Märchen
- E. T. A. Hoffmann – Die Elixiere des Teufels
- Storm – ohne Hoffnung künftigen Seins
- Raabe – Chronist des Kleinbürgertums